知识生产的原创基地
BASE FOR ORIGINAL CREATIVE CONTENT

颉腾商业
JIE TENG BUSINESS

OBSESSED

BUILDING A BRAND PEOPLE LOVE FROM DAY ONE

执迷

新锐品牌创造之旅

[美] 艾米丽·海沃德（Emily Heyward）———— 著
谌飞龙　谢萍 ———— 译

中国广播影视出版社

图书在版编目（CIP）数据

执迷：新锐品牌创造之旅 /（美）艾米丽·海沃德著；谌飞龙,谢萍译. -- 北京：中国广播影视出版社, 2023.2

ISBN 978-7-5043-8951-0

Ⅰ.①执… Ⅱ.①艾… ②谌… ③谢… Ⅲ.①企业管理—品牌战略—研究 Ⅳ.①F272.3

中国国家版本馆CIP数据核字(2023)第013240号

Title: Obsessed: Building a Brand People Love from Day One, by Emily Heyward
Copyright © 2020 by Emily Heyward
All rights reserved including the right of reproduction in whole or in part in any form.
This edition published by arrangement with Portfolio, an imprint of Penguin Publishing Group, a division of Penguin Random House LLC, arranged with Andrew Nurnberg Associates International Limited.
Simplified Chinese edition copyright © 2022 by Beijing Jie Teng Culture Media Co., Ltd.

北京市版权局著作权合同登记号　图字：01-2022-6426 号

执迷：新锐品牌创造之旅

[美] 艾米丽·海沃德（Emily Heyward） 著
谌飞龙　谢　萍　译

策　　划	颉腾文化	
责任编辑	李潇潇	
责任校对	张　哲	
出版发行	中国广播影视出版社	
电　　话	010-86093580　010-86093583	
社　　址	北京市西城区真武庙二条9号	
邮　　编	100045	
网　　址	www.crtp.com.cn	
电子信箱	crtp8@sina.com	
经　　销	全国各地新华书店	
印　　刷	文畅阁印刷有限公司	
开　　本	640 毫米 ×910 毫米　1/16	
字　　数	168（千）字	
印　　张	15.25	
版　　次	2023 年 2 月第 1 版　2023 年 2 月第 1 次印刷	
书　　号	ISBN 978-7-5043-8951-0	
定　　价	69.00 元	

（版权所有　翻印必究·印装有误　负责调换）

行业赞誉 | PRAISE FOR *OBSESSED*

这是一本清晰而引人入胜的书，说明了为什么"品牌"是任何伟大冒险中最基本、最人性化、最吸引人的元素——为什么它是企业的 DNA，而不仅仅是企业的表现形式。《执迷》让你坚定不移地站稳脚跟！

戴维·贝尔（David Bell）
Idea Farm Ventures（投资公司）联合创始人兼总裁

我们都是执迷的猎物（是的，也包括你）。准备好找出原因了吗？这本书会告诉你的。

萨莉·霍格斯黑德（Sally Hogshead）
《纽约时报》畅销书《世界如何看待你和迷恋你》
（*How the World Sees You and Fascinate*）作者

这是一本关于现代营销实际运作方式的实用手册，清晰、有用，而且诚实得令人耳目一新。给你团队里的每个人买一本。

赛斯·高汀（Seth Godin）
《这就是营销》（*This Is Marketing*）作者

我希望投资那些拥有广阔前景新产品的公司，以及专注于从真正了解消费者开始的品牌。艾米丽·海沃德的这本书对品牌如何运作及其重要性进行了精彩的探讨。

柯尔斯滕·格林（Kirsten Green）
先锋风险投资公司（Forerunner Ventures）创始合伙人

当我们创立 Casper 的时候，我们的品牌战略影响了每一个决定——在这本书中，艾米丽·海沃德向你展示了如何做到这一点。每一个创办公司的人都应该读一读这本书。

菲利普·克里姆（Philip Krim）
美国新锐睡眠品牌 Casper 联合创始人兼首席执行官

创业的环境总是在变化，但在每一个类别中，我们都希望投资于那些懂得品牌力量的人。这本带着艾米丽宝贵建议的书，对于正确了解品牌力量是必不可少的。

本·勒雷尔（Ben Lerer）
纽约风险投资机构 Lerer Hippeau 管理合伙人，
数字媒体服务商 Group Nine Media 首席执行官

《执迷》是一张清晰、可靠的蓝图，创始人和营销者可以用它来打造一个有弹性的品牌——一个不仅会开辟新天地，还会激发出令人难忘的客户联系的品牌。

尼尔·艾亚尔（Nir Eyal）
畅销书《上钩》（Hooked）、《不可抗拒》（Indistractable）作者

没有人比艾米丽·海沃德更了解现代品牌的发展。在本书中，海沃德阐释了那些打动我们、改善我们日常生活的品牌的DNA。通过外科手术式的精准解构品牌艺术和那些必须吸取的教训，海沃德让我们成为改变产品及行业的品牌建设者和管理者。

斯科特·贝尔斯基（Scott Belsky）

全球创意平台 Behance 创始人，

《凌乱的中间人》（*The Messy Middle*）作者

译者序 | Foreword

谌飞龙
江西财经大学工商管理学院
教授、博士生导师

近年来，国内席卷着一股消费品创业热潮。泡泡玛特、完美日记陆续上市，元气森林、内外、花西子等新锐消费品牌飞速发展，无论是品牌力还是估值都在疯狂增长。这些品牌的诞生不过数年，以全新的方式连接消费者，也以全新的概念变革品类，并快速抢占市场。

风景并非一方独好，国外也出现了类似形态的公司，它们被称为DTC品牌（Direct to Consumer，直接面向消费者），主要通过线上官网和社交媒体种草等方式，直接向消费者售卖产品并建立信任关系。像这些年在国外大火的新锐睡眠品牌Casper、时尚休闲运动鞋欧布斯（Allbirds）、互联网眼镜沃比·帕克（Warby Parker）

都是典型的DTC品牌。Casper床垫上线28天就实现了上百万美元的营收，第一年销售额破亿；欧布斯创办头两年，仅凭自有渠道就售卖了100万双鞋；沃比·帕克在创立第一年就卖出10万副眼镜……DTC品牌们战绩不菲。而它们能在短时间内取得如此好的成绩的一个重要原因是，它们在早期就拥有优秀且专业的品牌军师——红鹿角（Red Antler，初创企业品牌设计服务商）。

每天都有新锐品牌涌现，传统品牌正目睹自己的业务被侵蚀。每个小公司都期望赢得下一个巨大的成功，但是光有一个伟大的想法或者一个很酷的Logo是远远不够的。对初创公司而言，品牌建设尤为重要。初创品牌可以通过低成本的方式，立足不拘一格的品牌基点，占据分化品类开创者的地位。然而，多数的初创公司对于品牌的认知十分模糊，造成了品牌形象不统一，品牌核心优势不突出等问题，丧失了成为行业领导品牌的先发优势。那么，在创业实践中，创业者想要低成本做好品牌建设有什么套路可遵循吗？看过艾米丽·海沃德这本《执迷：新锐品牌创造之旅》之后，你就会找到属于你的答案。

本书作者艾米丽·海沃德正是红鹿角的联合创始人兼首席品牌官，致力于帮助企业家从一开始就将品牌作为商业成功的驱动力。在《执迷》一书中，艾米丽以一种通俗易懂的方式介绍了在未来几十年创造一个伟大、持续受欢迎的品牌的基本原则。可以说，《执迷》既是一个世界上最成功的品牌经理的职业回忆录，又是一本难得的创业实践教程和优秀的DTC品牌案例集锦。"他山之石，可以攻玉"，无论你是开始一项新的业务，推出一个新的产品线，还是希望为新一代客户带来新锐品牌，《执迷》都将带你走到当今最热门的新锐品牌的幕后，向你说明为什么旧的品牌建设规则不再适用，并介绍真正适用于当今消费者的品牌策略。

此外，这本书是以对话的方式编写的。作为一名企业家，当你开始经营一家企业时，有太多的问题需要回答，为了做更具体的事情，你很容易把了解自己和消费者这种耗时耗力的工作推到一边。你或许认为自己正在做一些正确的事情——提供优质的服务并让消费者满意，但你是否真正问过自己：我的消费者在最深层次上的问题是什么。《执迷》清楚地概述了你应该提出或回答什么问题，这些问题是真正重要的——它们能让你的企业对人们真正有价值。作者没有直接为你回答任何问题，而是启示你应该把精力放在哪里。

《执迷》不是一本充斥着晦涩术语的典型商业书籍，它通过生动的对话让你重新思考你的品牌，思考利润之外的投资回报。有太多关于品牌塑造和营销的书籍让人感觉肤浅和空有噱头，但在这本书里，艾米丽凭借对人们期望的敏锐洞察力，通过亲身服务过的品牌案例，具体地阐述了一系列实用的深入品牌战略的原则。艾米丽传授了她多年来为一些DTC创业公司成功打造品牌形象所积累的经验，每一个希望推出、发展或维持品牌的人都会从中受益匪浅。而对非业内人士来说，这本书则提供了一个有趣、引人入胜、有启发性的内部视角，审视了当代企业如何与消费者进行联结。

打造品牌是一个长期的过程，在企业初创阶段，需要建设品牌；

在公司成熟壮大之后,需要运营品牌。互联网时代,品牌化是更高效的销售方法。从源头去思考企业品牌战略,把品牌思维从上到下贯穿到企业运营的各个方面、各个部门,会让我们少走很多弯路。正如艾米丽所言:"品牌是推动业务增长的引擎,企业越早融入品牌思维,就越有可能取得成功。"产品、技术、模式都可能被模仿,可独特的品牌形象是无法模仿的。品牌作为竞争的重要壁垒之一,需要被所有创业者重视。

初创品牌在我国的健康发展,还是要基于我国市场的框架和逻辑,结合具体的行业进行有效分析。我们相信,初创品牌终将在中国大地上开花结果,这些品牌的创始人将会成为万众创新的明星,写就属于自己时代的传奇品牌故事,他们将携自己的品牌成为一股可持续的新兴的中国力量。

在此,我们要感谢北京颉腾文化传媒有限公司邀请翻译此书,我们衷心祝愿《执迷》的引进,能够有助于大家加深理解品牌的创建与发展全过程。如若发现译文中存在纰漏之处,望读者朋友能够不吝赐教,欢迎来信交流指正。译者邮箱:gacflong@163.com。

推荐序一 | Foreword

周宏骐
新加坡国立大学商学院兼任教授

我研究新商业、新模式、新营销……本质上就是探究那些能在新时代横空出世、弯道超车的新锐品牌，它们到底抓住了哪些新时代的经营要素，用了哪些创新的经营方式（商业模式），采取了哪些不一样的营销打法？

我始终认为，一位新锐品牌的核心经营者对经营"新品牌"应有"深度思考"，不但要掌握不变的品牌经营底层常识，更要掌握跟上时代变化的"新时代的品牌经营法则"。《执迷：新锐品牌创造之旅》恰逢其时，其实战派的作者高度整理出新品牌"创建方法"的典范模式，并辅以鲜活的操作性案例进行说明，让读者易于理解，更易于上手操作，是一本值得强烈推荐的方法与实践结合的工具书。

新锐品牌在全球大面积出现，不只是个中国议题。在这个移动商业时代，消费者在线化、社交化、数字化，丰富多元的电商及内容平台，掀起了透明度运动，让消费者掌握了消费主动权，引出了觉醒商业。同时，丰富多元的内容供给，让消费者的眼球碎片化，引爆了流量战争。此时，要创建一个新锐品牌，要如何以小博大，出奇制胜，做到高效引流、转化与长尾运营呢？

也就是在这个时代，新技术加新思维，涌现出直接面向消费者（DTC）的机遇，全球各地出现了DTC品牌……在理念上，这些品牌会思考怎么做一个"用户企业"，真正用"用户的思维"去思考；在渠道上，做到线上线下全渠道直营；在用户运营上，用各种创造性的方式高频与用户互动交流，深度运营用户黏性；在技术上，通过用户之声（Voice of Customer）技术，在每个业务环节获取用户信息，并将用户反馈迅速纳入迭代闭环。

《执迷：新锐品牌创造之旅》这本书把在这个崭新的时代搭建DTC品牌的一组"新底层要素"进行细颗粒化，也因此更具操作性和指导性。我把从这些新底层要素中得到的最核心内涵摘要如下。

为用户解决问题：创始人得不断地问自己，你希望接触到哪些人，你打算如何改变他们的生活，使其生活变得更加美好？你这个品牌，能解决人们真正关心的"最突出的问题"是什么？例如，作者举的爱彼迎（Airbnb）案例，爱彼迎为有黏性的用户社群所真正解决的是归属感问题，当人们旅行时，他们不想让自己感觉像游客或局外人，他们想对当地有更深的体验。

与用户进行情感联系：把品牌理念和业务特别之处，提升为具有情感共鸣的故事，与人们"正在寻找的感觉"联系起来，用功能优势和行为方式建立起一个整体的情感价值，并且贯穿所有"体验接触点"。例如，作者举的移动社交零售商 Boxed 的案例，每次品牌（无论谁代表品牌）与消费者交流的时候，都要让消费者感受到一些积极的东西，"为生活做好准备"，爱上批量，用之不竭！

找到用户自我意识：从一开始就创造出人们想要认同的品牌身份，建立与客户的"共享身份"，让用户在这个品牌中看到自己，找到同行者！人们在寻找能反映自己价值观的品牌，故品牌要能准确讲出自身代表什么，讲出与消费者站在同一阵线的故事。例如，作者举的时尚品牌 Everlane 的案例，让品牌与认可一套价值观的消费者保持一致，遵循"彻底透明"价值观，将"知情权"和"控制权"交到消费者手中。

和用户创建连接：对品牌的共同选择，将一群人团结在他们所关心的议题周围，建立了社群及自豪的社群意识。人们喜欢与有相同价值观的人建立联系，品牌能够以其特有的方式建立社群，并与消费者进行真正的"对话"。例如，作者举的沙拉品牌 Sweetgreen 的案例，围绕共同的价值观创造团结，形成"社群"，提供有创意的社交项目和忠诚度计划。

让用户少做选择：让产品选择变少，让消费者持续感到被理解，而不是被推销。例如，作者举的 Away 行李箱案例，以旅行而不是箱包为切入点，一开始就上升到情感价值层面，最早只有 1 个产品系列，4 个颜色，这样就可以不断聚焦在品牌故事的核心上，通过共同的旅行热情将人们联系起来。

给客户新的期望：能打破常规的品牌，总能在成长过程中"保持叛逆"。例如，作者举的 Casper 睡眠品牌案例，消费者对那些与主流相悖的品牌更有印记，围绕"更好的睡眠会带来更有趣的生活"开始建立有趣有料的内容，用不一样的方式来提供体验和进行销售。

给客户新的惊喜：将多元"形象"拼凑在一起，形成一个"真实的"自我，具有独特的、专属的身份，拥有带来惊喜的魔力，打破一致性的操作。只要一个品牌明确了它所代表的是什么，就可以根据时间和地点的不同，自由地强调其个性的不同方面，而不会使自己代表的"身份"变"模糊"。

当然作者也不忘记提及，新锐品牌的创始人和创始人的故事，这些都是增强品牌人性化的方法。最后，提醒读者，个人认为本书最珍贵的价值是实战派的作者直面操作创建 DTC 品牌的细颗粒方法，并用精准的文字提炼出来；讲述的案例虽然是以美国当下主流 DTC 品牌为主，但不妨碍读者通过案例学习其背后要传递的设计与操作逻辑。

推荐序二 | Foreword

独角猫

公众号"独角猫说跨境品牌"作者

在全球的品牌营销行业，DTC——取代传统经销渠道、直接面向消费者的概念，是近年来受关注度最高的话题。无论是在这一理念的发源地美国，还是千里之外的电商大国中国，都涌现出了一批关注、研究并实践运用这一理念的企业，也将这个新兴的概念带给了更多人。

在这股席卷全球的消费品创新浪潮中，本书作者艾米丽（Emily）联合创立的红鹿角（Red Antler）公司是一个不可忽视的存在。鹿角是动物骨骼中成长最快的组织，象征了他们对合作品牌的愿景：新型的、特别的、快速发展的。作为一家品牌营销公司，红鹿角公司有几大创新。

第一是专业化、成体系地践行了DTC的概念，并为客户取得了巨大的成功。书中提到的 Casper、Allbirds、Prose 等品牌都是在当时创下纪录的互联网新锐品牌。在一个充斥着老牌、大牌的成熟市场里，凭借互联网营销和品牌塑造突出重围，连续创造出多个在当时"叫好又叫座"的新品牌，不能不说是一个创举。

第二是在资本层面尝试 venture studio 这种模式，将传统的品牌咨询服务资本化，通过入股的形式与客户深度绑定，突破了传统创意行业仅单一依赖服务费用的商业模式。不仅真正实现与客户站在一起，还可获得资本利得，这一模式后来也被诸多风险投资机构和广告营销机构所借鉴。

第三是为 DTC 这一理念的普及和传播贡献了理论与实践的基础。红鹿角公司具有大量真实详尽的案例，在一线参与了诸多成功品牌从 0 到 1 的过程，极具参考意义。艾米丽本人毕业于哈佛大学文科专业，思路清晰，文笔流畅，所以本书兼具专业性与趣味性，在一个个真实案例中将 DTC 的理念和实操娓娓道来。

笔者曾在自己的公众号上介绍过这本书的英文版，并受到许多读者的欢迎，大家都迫切希望能更多了解这本原汁原味的海外DTC"教科书"。非常高兴颉腾文化能为广大读者引进这本书。虽然近年来随着资本市场的变化，文中的一些代表公司或多或少面临过一些挑战，但本书中提到的许多理念在今天看来仍然历久弥新，非常有远见和创造力。

本书提出的一个核心概念就是书名所说的"执迷"（obsessed），这个词在英文里有"着魔了，迷住了"的意思。艾米丽认为，要做一个好的品牌，就不能只做一个人们只是一般喜欢、喜爱、觉得还可以的东西,必须做一个让消费者爱到沉迷的东西。也许一开始读者会感觉这个要求太高了,但这其实是与本书后面讲到的情感需求、社群等概念相吻合的,也给广大品牌从业者建立了一个很高的标准:在真正做品牌的路上不能得过且过,需要追求卓越,做到最好。

全书分为8章,第1章从宏观上提出品牌核心的驱动力来自对死亡的恐惧,也即人们时间和精力的有限性。第2章讲到品牌的情感属性,不能只满足功能性需求,要让消费者感到共情。第3章讲到品牌需要唤醒人的自我意识,打造一个核心价值,让人感受到"我是一个怎样的人"。第4章谈论情感联系和社群属性,让消费者成为一个自发的群体。第5章讲到聚焦和集中,要选择最重要的东西,不能既要还要。第6章讲到定义理念和概念,品牌需要有自己的创见,不能完全被用户牵着走。第7章讲到不统一性甚至对立,有时反而会给品牌一种"反差萌"。第8章讲到以个人和创始人作为品牌出发点的做法。

虽然这些理念总结起来说并不难懂,但本书用大量真实案例记录了在实践过程中品牌具体的做法、遇到的困难,以及大家的心路和思路历程,让人如临其境。

其实认真读过本书不难发现,这8个章节和马斯洛需求理论定义的几个层次不谋而合。最基础的是满足消费者的实用需求,做一个好用的东西。再往上是做一个有情感属性的东西:消费者不仅仅在意这个东西好不好用,更在意用着感觉好不好。最高级的是将这个品牌内化成一种理念:因为用了这个东西,代表了我是谁，我不仅相信这个理念，还要把这个理念传播给别人。

此时再回到本书开头所说的品牌最大的驱动力在于"对死亡的恐惧"，或许就不难理解这个看起来过于深奥的论断了。其实最终品牌是与生命相关的，因为品牌代表的是你想用一个什么理念或者感受陪伴你的生活，它给你怎样的体验，让你觉得你是一个怎样的人。品牌不是关乎你买一个什么东西，而是关乎你想怎样度过自己的人生。

虽然这个概念对于大多数普通人来说或许只能高山仰止，但它确实代表了品牌领域的最高定位：能做到的一定寥寥，但能做到的一定可以称为真的品牌。

这本书里有几点给笔者的印象特别深刻。

一是关于取舍。是试图迎合所有人的需求，还是只满足一小部分人的需求？是做很多产品，还是只做一个特别优秀的产品？这点见仁见智，但是做一个品牌必须放弃一些东西，选择A就不能选择B，这对很多人来说还是非常需要勇气和决心的。

二是关于创新。本书虽然是一本关于营销的作品，却在多处强调产品本身的差异化和独特性。品牌创始人和团队对于消费者痛点的把握、对于产品的定义和不断精益求精，才是做好品牌的基础。

中国作为全球最大的供应链基地，近年来也出现了很多渴望打造国际品牌的企业。笔者作为中国出海跨境品牌的观察者，多年来也一直在探索中国卖家是否能做出真正的国际品牌这一命题。一个比较深的感想就是，我国的工厂也好，卖家也好，对于生产、流量、数据、平台规则等技术层面的东西,可以说是相当精通,但对于理念、情感、态度这些更属于消费者感性层面的东西却显得比较欠缺。

这也许是因为长久以来,我国的供应链一直以"性价比"取胜,在打造优质优价的产品方面有了很多的积累,但在未来如何能更进一步,真正走入国内外消费者的心里,可能还需要一代人不断学习尝试。

如今我们处在一个剧烈变化的时代,在流量成本高企、消费者日益挑剔的新时代,打造一个新品牌,可谓是一个难而正确的事情,相信本书会给从业者很多启发。非常感谢颉腾文化李兴老师的策划和审阅,以及两位译者的精心翻译,本书必将对中国品牌从业者大有助益。

作者的话 | AUTHOR'S NOTE

在整本书中，我提到了一些作为红鹿角的客户、与我密切合作的公司，其他的例子则来自我作为一个品牌建设者和消费者的观察，但我与这些公司没有直接的关系。这本书里介绍了许多仍在书写自己故事的公司。有些人将不可避免地经历失败，有些人可能会经历丑闻（有些人已经经历过了）。在这本书写作的过程中，当一位创始人受到强烈抨击或抵制时，我不得不重新编辑章节，但我不可能根据未来的变化将这本书下架重写。这就是实时写一本关于现代品牌之书的风险。我选择了我欣赏的公司，因为它们代表了品牌建设的普遍原则，但品牌是由人来经营的，即使在当今创业文化的理想主义承诺下，人仍然是不完美的。所有这一切都是为了表明，我并不支持任何团队在过去、现在或未来的任何不良行为。请各位创始人好好表现，好吗？

导言 | INTRODUCTION

你既不需要在风险投资公司工作,也不需要从斯坦福商学院毕业,就能够意识到我们正处于一场消费创业革命之中。在浏览照片墙(Instagram)①动态时,你看到的一则引人注目的广告更有可能是来自一个你从未听说过的品牌,而不是你以前最喜欢的那个品牌。创业的门槛一天比一天低,这意味着新锐品牌正以极快的速度涌现,以前的门槛已不复存在。你不再需要负担电视广告费,也不需要在大型连锁超市的货架上占有一席之地,就可以在人们面前展示你的品牌。每一个产品类别都可供你争夺,传统领导品牌眼睁睁看着自己的业务被数百家小公司蚕食。随着一个接一个的品类被打乱,市场竞争变得愈发激烈,光有一个好主意、更好的价格或更快的发货速度已经不够了。创业者们需要从第一天开始就考虑品牌,品牌需要从一开始就根植于企业文化中。他们需要建立一个让人们一见钟情的品牌,甚至需要在品牌推出之前就做到这一点。

---

① 照片墙是一款在移动端运行的社交应用,以一种快速、美妙和有趣的方式将你随时抓拍下的图片彼此分享。——译者注

事实并不是一直都如此。当2001年大学毕业时，我入职了一家全球知名广告公司，为大型知名品牌工作，其中许多品牌已经存在了整整一个世纪。我们在公司的任务是每年制作新的电视宣传活动，为熟悉的旧事物带来新的兴奋点和能量。我学到了很多关于世界上历史最悠久、规模最大的消费品公司如何进行品牌建设的方法，如何精确地定义目标受众，提高对消费者的洞察力，制定清晰、简洁的品牌战略，然后用这个战略指导所有的沟通。我热爱我的工作，也遇到了一些非常聪明、非常有创造力的人。

但几年后，我变得沮丧起来。电视广告变得越来越不占主导地位，我们的任务是想出关于品牌的营销创意，但这些所谓的创意根本没有力量影响品牌或产品本身。我开始把我的工作描述为"关于今年的酸奶，我们能说些什么新东西"，答案是"不多"。我觉得我们已走入歧途。

那时的我正在寻求改变，而我的朋友杰比（最终成为我的联合创始人），让我帮他管理一家新西兰创意机构的纽约办事处。那是2006年，纽约的创业热潮刚刚兴起。尽管办事处规模很小，但我们有幸开始结识企业家群体，听取他们对商业的惊人想法：从根本上改变行为——用创新来解决真正的问题。

他们不需要广告，至少现在还不需要。但我们在谈话中发现，他们对如何打造品牌知之甚少，甚至不知道这到底意味着什么。我们看到了一个机会，可以把我们在与全球大品牌合作时学到的一切应用于启动和发展我们希望在世界上看到的新业务。

我们坚信品牌是推动业务增长的引擎，企业越早融入品牌思维,就越有可能取得成功。为了验证这一假设,我们自己创业,并于2007年成立了红鹿角,与创业者合作,帮助他们从创业第一天起就植入这一观点。

几年后,红鹿角团队已经发展到上百人的规模,但我们仍然主要与初创公司合作。我们在推出一些世界上最成功和最令人兴奋的新锐品牌方面发挥了关键作用,帮助创造了数十亿美元的价值。事实上,我们有一半的客户是"预启动"的,这意味着我们在创始团队创业之前就与他们见面,帮助他们通过品牌创造出整个面向消费者的体验。

当我们刚成立红鹿角的时候,许多人质疑创业者是否应该在产品和市场契合并开始获得吸引力之前就向品牌投资。但我们的理念是"提早打出品牌",这与早期刚创业的科技公司采用"精益创业""通过测试获得成功"的方法直接相悖。如今,似乎每秒钟都有一家新公司诞生,你再也不能有这样一种想法,先看看它的发展态势如何,然后像对待一组软件功能那样迭代你的品牌。如果你要启动一项特定的业务,可以肯定的是其他人也会干同样的事情。这种现象在好莱坞(美国的电影工业)中也有体现,你甚至会在同一年里看到两部主题几乎完全相同的电影,或者是孩子的名字——你觉得自己起的名字很有创意,然而操场上有四个名叫马洛的娃。

同样的文化力量和市场空白促使一位创始人创办了直接面向消费者的隐形眼镜业务,但这也促使其他人做同样的事情。一种趋势的形成速度变得越来越快——过去一年里,我们注意到越来越多的人在某一领域创业。现在,在不到一个月的时间里,我们有时会遇到三个不同的团队提出几乎相同的想法。因为现在创业要容易得多,而且技术降低了每个人的进入门槛,所以成功与否很大程度上取决于品牌。

问:那什么是品牌呢?

不要把品牌的重要性和你传统上认为的"品牌"混为一谈:一个名字、一个标志、一个字体、一个颜色、一个标语。这些元素非常重要,但它们只是拼图的一部分,是品牌内涵的外在表现。有一部分是人们可以看到的(那很重要),另一部分是他们感觉到的(这更重要)。领导品牌之所以能够和顾客形成深厚的情感联系,是因为它们代表着人们关心的东西。当我谈论品牌时,我实际上谈论的是一个企业在本质上所代表的东西。为了在当今的消费环境中取得成功,品牌不能仅仅是浮于顶层,而必须融入业务本身。许多创业者认为,一旦他们找出了重要的东西,就该操心"品牌塑造"了,就像是当一个流程结束时需要在方框里打上钩。但这与事实相去甚远——品牌应该是推动企业行为持续的引导力量。无论你是初创公司的创始人,有抱负的企业家,还是品牌营销者,都可以从那些在初创时期做得很好的公司那里学到很多东西。它们都是时髦又活跃的网红,没过多久,人们就很难回想起没有它们的那个世界了。这些公司非常深刻地改变了一个品类,以至于它们成为其他寻求效仿的公司的标杆——"我想成为浴帽、狗粮、洗衣粉领域的沃比·帕克①。"这些龙头品牌可能看起来像是一夜成名,但早在消费者意识到这些公司存在之前,这项工作其实就已经开始了。我都记不清有多少企业家会提到那些已经成功的品牌,并试图解释他们的业务实际上比我们帮助推广的床垫公司Casper要困难得多,挑战也大得多。我必须向他们解释,在Casper成名之前,没有人认为在网上销售床垫是可行的——许多投资者对这个想法嗤之以鼻。只有在我们打造了一个让人们疯狂爱上的品牌之后,Casper的成功才变得显而易见,好似是意料之中的结果。这看起来很简单,因为这些企业与消费者建立的联系感觉是那么自然,那么人性化,就好像你们是刚刚认识却彼此熟悉的老友。

在这本书中,我将概述定义新一代品牌领导者的核心原则。正如我将在整本书中提到的如睡眠品牌Casper、连锁沙拉品牌Sweetgreen、网红运动品牌欧布斯、沃比·帕克和网红美妆品牌Glossier等,其中一些是我的客户,我们与之密切合作创造品牌主导的体验,还有些公司是我作为品牌建设者和消费者都欣赏的公司。通过研究品牌的新规律,我不仅将展示如何创建一个龙头企业,还将展示新一代品牌是如何改变每个人生活的。

在第1章中,我将探讨如何将你所做的一切与你为人们解决的问题以及消费者最深层、最真实的需求联系起来,从而确保你

---

① 沃比·帕克创立于2010年,总部位于纽约,是一家网红在线眼镜零售商,互联网销售眼镜的鼻祖。该公司通过DTC模式,提供验光配镜、隐形眼镜、眼科检查和视力测试等产品和服务,客户可在其上百家零售店或是在线平台上选购产品。——译者注

所建立的东西是与之相关的。

在第2章中，我将谈论超越功能性的重要意义，以及如何建立一个植根于深层情感利益的品牌。我们将研究为什么一个品牌的情感共鸣不能局限于你讲好一个故事，而要将其与你的企业给人们生活实际带来的价值联系起来。

在第3章中，我将着眼于今天的成功品牌如何利用它们消费者的自我意识和认同感，使它们的价值观与试图接触它们的人保持一致。

第4章是关于社群及品牌的力量，这些品牌在其受众之间创造了一种联结感。

在第5章中，我将谈到聚焦的重要性，以及当今最成功的品牌如何把赌注放在品牌所代表的群体及品牌所代表的产品和服务上。

第6章讲述如何打破常规和重新定义消费者期望。我们将看看如何改写品牌规则，在那些没人认为品牌重要的品类中建立联系。

在第7章中，我将打破关于一致性重要意义的神话，并看看紧张和惊喜是如何在当今的品牌策略中发挥关键作用的。

第8章探讨了创始人的角色，并展现了企业人性化推动大众喜爱品牌的力量。

在整本书中，我列举了一些案例，从像爱彼迎（Airbnb）、环保时尚服装品牌Everlane和Sweetgreen这样取得巨大成功的企业，到正在成长的初创公司（其故事仍在书写中），展现了建立一个从创建第一天起就被人们喜爱的品牌意味着什么。这些企业都明白，与消费者的每一次互动——从与客服交谈，到在网站上购物，再到阅读对创始人的采访——都被视为品牌打造的契机。在客户整体体验中，杰出的品牌在新鲜感和惊喜之间取得了平衡，并给人一种深刻而亲密的联系。它们似乎从来没有试图向你推销什么，或者说服你相信什么。而且，你会觉得你们的关系建立在一套共同的价值观之上。

这些都是人们执迷的品牌。当消费者感觉到与一个品牌的个人联结超出了产品本身时，他们就会变得执迷。消费者在社交媒体上关注这些品牌，热切地等待它们的下一款产品。"执迷"作为一个曾经暗示着令人不安的、或许是危险的专注程度的词，现在已经成为消费者和编辑评论的一部分："我执迷于我的新款牛仔裤、蜡烛、AirPods耳机、新版的冥想App。""看看我们最近执迷些什么吧。"照片墙上有超过1000万条帖子使用**"执迷"**一词，除了狗狗的照片，还有马克杯、珠宝、沙发、化妆、运动鞋的照片，你能想到的都有。人们不仅向他们的朋友滔滔不绝地谈论这些品牌并热情地发布它们，还将这些产品融入自己的身份中。最终，他们与这些品牌的结盟在某种程度上会反映他们自身的喜好。

当然，如果你要建立一个植根于原则的品牌，就必须坚持这些原则，但这并不容易。当你读到这里时，很有可能其中一家或多家企业已经因为一些见不得人的行径、攻击性的推文或不道德的投资者而受到指责，这些都与它们声称的立场相悖。消费者已经开始要求企业为自己的行为负责，这进一步证明了企业需要彻头彻尾地满足一系列新的期望。人们不是根据父母总是买什么来做选择——他们在寻找那些与自己的核心价值观一致，能够在人性的层面上与他们产生共鸣的公司。这就是为什么今天的品牌不能仅停留于审美层面，也是为什么品牌在初创公司的发展轨迹中扮演着如此关键的角色。品牌需要牢牢地植根于企业存在的理由之中，所以从一开始就把品牌做好是如此重要！

问：你会告诉我们创造下一款大热品牌的秘诀吗？

这就是我们存在的理由！继续往下阅读，你会发现成功创业公司的幕后工作以及创业前和创业后的第一手资料。你将了解消费者心理在过去十年中是如何演变的，以及品牌在这一新的"西部拓荒"(Wild West)[①] 消费者格局中所扮演的角色。有了这份情报，你将再也不会以同样的方式看待创业的意义和个人对产品的执迷。

[①] 西部拓荒，指美国历史早期没有法纪约束的西部地区。——译者注

CONTENTS | 目录

1 | 对死亡的恐惧 // 001

一个崭新的时代 // 004

解决实际问题 // 007

满足消费者的需求 // 011

爱彼迎的品牌之旅 // 016

2 | 提升到情感高度 // 025

功能很重要,但还不够 // 028

如何将功能和情感联系起来 // 034

从人群中脱颖而出 // 043

3 | 自我意识 // 047

围绕客户建立你的品牌 // 050

Everlane 和"彻底透明" // 052

为意图打造品牌 // 058

各方面都感觉很好 // 059

你的产品必须是有价值的 // 066

同属一个俱乐部 // 070

4 | 创建连接 // 073

社群的真正含义 // 076
集体的连接 // 078
为事业走得更远 // 084
我们在同一条船上 // 090
说着同样的语言 // 093

5 | 集中力量 // 097

聚焦的力量 // 100
简单是一种天赋 // 102
新的忠诚度 // 106
适合很多人的产品 // 111
天生一对 // 115
选择重要的东西 // 120

6 | 重新定义期望 // 123

品牌改变了一切 // 126
Casper 是如何改变睡眠规则的 // 127
测试的局限性 // 130
活在梦想中 // 137
保持新鲜感 // 140

7 | 拥抱张力 // 147

一致性神话 // 150
如何利用反差特征来打造自己的品牌 // 152
放开控制权 // 156
出其不意地吸引用户 // 162
标识 // 167
真实就是会有点乱 // 169

8 | 彰显个性化 // 171

人类人性化 // 174
从故事开始 // 177
创始人作为一个品牌 // 187
名人作为创始人 // 191
团队很重要 // 195

结语 // 199

附录 // 205

本书提及的品牌及企业一览表 // 207

1
对死亡的恐惧

  有一天，我的妻子杰西在我们的公寓里走来走去，打开厨房的橱柜和药柜，查看过去几年里推出的品牌产品。从我们的 Goby 电动牙刷到 Colugo 童车，再到门口一排排的欧布斯休闲鞋，我们的房子已经成为新业务产品的陈列室，更不用说红鹿角的客户产品了。

  杰西转过身来问道："这一切会有个结束吗？人们是否会在某个时候耗尽创业灵感？"

  "希望不会，"我说，"如果我们想让红鹿角继续经营下去的话！"其实我并不担心这些。毕竟，想想在过去一年里你所买的每一件东西。是所有东西你都能负担得起吗？你的购买有多方便？产品包装是否具有创新性和可持续性？这段购买经历能令你感到愉快吗？

  只要有缺点或痛点，就有改进的空间，总有更好、更聪明、更人性化的改进方法。今天成功的公司正是那些发现问题并将其视为机遇的公司。这些公司的创业者认识到老一辈人的盲点、缺点和失败，并寻找新的、有创意的方法来为消费者解决问题。解决问题是实现创新最有效的跳板。

问：一本关于品牌化的书和"对死亡的恐惧"有什么关系？

别担心，这一章并不是关于企业被堆积如山的亚马逊快递盒压垮的故事，而是建立一个喜闻乐见的品牌的最基本原则，即挖掘消费者的真实需求。我一会儿会讲到品牌衰亡的部分，但首先来了解一下我们是如何走到这一步的。

一个崭新的时代

当我们在2007年创建红鹿角时，"品牌"才刚刚开始成为企业家关注的焦点。"设计"是创业公司应该关注的话题，但对很多创业公司来说，"设计"仍是意味着用户体验设计①，而不是品牌设计。

在新千年伊始的那段时期，优秀的用户体验设计是一个有力的竞争优势。如果某样东西很容易使用，如果它的功能很好，那就足以让人们兴奋。谷歌是很好的例子，它是一个在特定时间点成立的企业，拥有真正有意义的技术优势、创新的用户体验，以及一个似乎刻意低调的品牌。较之其他搜索引擎，谷歌的搜索结

---

① 用最简单的术语来说，用户体验设计（UX），通常指数字体验的设计。当你访问一个网站或打开一个应用程序时，你首先看到的是什么？你是怎么找到它的？你是如何从一个步骤走向下一个步骤的？你需要触摸、点击或滑动哪些地方？不同的功能是如何优先排列和安排的？你用它的方式直观吗？用户体验是一个非常重要的项目，如果没有出色的用户体验设计，几乎不可能有一个成功的数字化企业。当我们谈论品牌时，这也是一个非常重要的谜题，但光靠它自己是不够的。——译者注

果更为聪明（聪明到如果你"幸运"，它只会给出一个你真正需要的结果！）。Gmail则更简单。但如果谷歌今天发布，可能它将不得不遵循不同的策略。优步（Uber）是另一家凭借令人惊叹的技术和前所未有的用户体验而走得很远的公司。坦白地说，这有些不可思议，可在当时，这就足够了。但即使取得了巨大成功，优步也因为没有按照正确的原则来对待品牌，而让自己在打车应用来福车（Lyft）和其他竞争对手面前变得脆弱。

不管怎样，大多数企业都不是谷歌或优步。我在这里告诉你，你基本上不可能会成为下一个谷歌，就像你的大学乐队不可能成为下一个披头士乐队（The Beatles）一样。但是没关系！如今，仅靠技术甚至用户体验就能实现显著差异化的企业实在是太罕见了。偶尔，你会看到一家公司推出一项重大创新，比如约会交友应用Tinder的滑动功能，但竞争对手抄袭它只是时间问题，这种区别开始变得不那么重要了。在大多数情况下，用户体验现在所追求的是更简洁，而不是对人们习惯的功能进行重大改革。

问：如果技术和用户体验都不够，我该如何区别于其他竞争对手？

这就是品牌的作用所在。品牌并不意味着你在网站顶部贴上一个很酷的Logo，然后就结束了。品牌不是商标，不是你的名字，也不是口号。所有这些都是你的品牌的重要表达方式，但只有当你努力弄清楚你的品牌代表什么以及它为什么重要时，它们才会有效。就像注重技术和用户体验还不够一样，传统意义上的"品牌化"也是不够的。在红鹿角，我们没有兴趣与那些想要创造一个"更好的品牌"但不提供任何有意义的改进的企业合作——就好像品牌只是你的颜色和你的文案。总有很多人带着这类想法来找我们，向我们兜售山寨企业，而这些企业对"什么让你与众不同？"这个问题并没有好的答案，只知道品牌会让它们脱颖而出并取得成功。

一些老牌企业也想通过打造更有吸引力的品牌形象来与新兴的挑战者竞争，但这并没有改变企业本身的任何根本因素。例如，我们与那些希望与电子商务企业竞争的传统零售商（具有数十年历史）进行了交谈，他们想要一个新的"品牌标识"，但不想投资于改变他们的实体空间。他们没有意识到，相比电子商务企业，他们的商店是他们身份的固有部分，甚至可能是一个卖点。在今天，你不可能离开整体体验来谈论品牌。

今天要建立一个成功的品牌，就必须从客户和正在为他们解决的问题开始。人们最喜爱的品牌都植根于商业理念本身。在下一代的领先企业中，最优秀的企业甚至在推出品牌之前就考虑了品牌存在的目的。它们想从商业模式到沟通和行为方式等方面创造一种更好的品牌体验。商业模式、技术、用户体验、品牌体验等这些不同的元素并没有清晰的划分，它们共同发挥着作用。这一切都需要服务于企业想要触及的人群，因为消费者具有最大的选择权和发言权。

解决实际问题

每当我们与企业家开始一个新项目时，通常会以对话开始。对我们来说，这是一个很好的机会，可以问无数问题，以便了解他们的业务和愿景，梳理出在我们共同打造品牌时真正重要的关键点。创业者不会因为缺乏想法而挣扎——反而通常是因为他们知道得太多了。一个好的创始人可以花上几个小时谈论为什么他们正在构建的东西在各个方面都比现有的东西更好（以及他们正在做的事情是如何改变世界的），有时这甚至是真的。问题是，你可以有一个很棒的产品和一个宏大的愿景，但如果没有从一开始就关注品牌，那么它终将会失败。如今，没有什么比"水到渠成"更远离现实的了。在互联网的早期，这可能是真的，当时人们十分兴奋，他们可以在网上购买（任何东西），或下载一个 App 就可以做到这一点。在那些日子里，一项新技术或一种创新的商业模式实际上是一种有意义的差异，你可以在启动时不必太关注品牌，但仍能获得关注。

我们在与创业者的第一次谈话中问的最重要的一个问题，不是他们的业务如何运作，或者他们的竞争对手是谁，而是他们在为人们解决什么问题。让我感到惊讶的是，在 99% 的情况下，他们不是用正在解决的问题来回答，而是用描述他们的业务及其收益来回答。有人提出了一个新的健身理念，他们会回答："以合理的价格获得持续的高质量训练。"或者有人为小企业主推出了一个平台，他们会说："数据将具有可见性和所有权。"注意，这些并不是问题本身，而是解决方案。立即着手解决问题是很自然的事情——毕竟，当你开始创业时，你要花所有的时间思考和努力解决这个问题。但要想从一开始就打造一个受人喜爱的品牌，就必须反其道而行之。你需要花所有的时间想想你希望接触到的人，以及你打算如何让他们的生活变得更加美好。

以前在广告行业工作时，我的工作是写创意简报（也就是一张描述广告活动需要达到的目标的纸）。在简报中有一个部分叫作"消费者洞察"，它应该包含关于消费者的真相，该机构将围绕这个真相展开宣传活动——基于我们对目标受众的了解而对他们展现什么。一个糟糕的洞察力的例子是"人们希望有一款包含着松脆的谷物、坚果和葡萄干的麦片产品"。这是一个糟糕的观点，因为它不是真的：人们不会无故希望得到和你一样的麦片。他们可能想减肥，或者每天上午10点会饿，又或者他们担忧心脏的健康。但这并不意味着他们想要你的麦片。你的工作就是向他们展示你的麦片可以解决他们面临的任何问题。

如今，当我们在红鹿角建立品牌时，我们也开始考虑消费者的洞察力，或者你正在为人们解决的问题。通过与创始人交谈，我们首先发布了品牌战略，这是一份概述了品牌愿景的文件，我们通常在企业启动之前就开始制定它。这份文件的核心是三个关键部分：

（1）目标受众的思维模式。也就是说，我们的业务面向的是哪些人。这部分不是为了进行确切的人口统计（如生活在主要城市地区的35岁左右的女性），而是为了了解最关心这个品牌的人的态度和行为。这是为了生动地描绘出"品牌冠军"的形象,即第一个热爱该品牌并将其传播出去的人。

(2) 对于这些受众来说,关键问题是,他们在生活中缺少了什么。基于我们对他们的了解,这家公司能解决的最突出的问题是什么。

(3) 品牌理念。它展示了品牌将如何解决这个特定问题。它是一个关于品牌所代表的核心利益的明确而单一的陈述。它解释了为什么这个品牌对人们很重要。

第 3 点的品牌理念是驱动一切传播的基础,但是在弄清楚第 1 点和第 2 点前你无法开始思考第 3 点。如果品牌理念与目标受众无关,那么你所认为的品牌代表什么就不重要了。

问:如果我有一个令人惊叹的新想法,一说出人们就会大吃一惊,那么我还需要招惹这些麻烦吗?

是的,更重要的是,当创造新事物时,你要立足于你正在解决的问题。每一项创新的核心挑战都是"新",这既是你最大的优势,也是你最大的劣势。"新"给了你一个存在的理由,它是你的话题点,它是媒体会报道你的原因,它是你应该把创业放在首位的原因。但"新"不一定是人们关心的原因,这是关键的区别。当我们帮助初创公司建立品牌时,我们也在教会企业如何应对人们关心的问题。

什么是"品牌"？一个合理的定义是"人们为什么要关心你所提供的产品或服务？"当然，有一小部分人对任何新事物都感到兴奋。这些人也是我们的早期用户，没有他们，创业公司就会失败。早期用户关注推出的产品，他们想要最新最好的产品，他们会第一个告诉自己的朋友，并获得推荐产品的佣金。但是，你不能仅仅依靠早期用户来扩大业务规模，因为对其他人群来说，"新"会让其有点不舒服。即使在我们这个推崇创新的时代，人们也不会对日常生活中的重大变化感到兴奋。小小的改进，我可以！但要彻底改变我的做事方式？那听起来——是困难的，甚至可能是可怕的。

这就是为什么，尽管想法很诱人，但你不能假设人们无缘无故希望你的企业存在。亨利·福特（Henry Ford）有句名言（实际上他没有说过，但你们都听过）："如果我问人们想要什么，他们会说想要更快的马。"我最近听到的却是史蒂夫·乔布斯（Steve Jobs）的版本——只是把马换成了打字机。这些名言通常用来说明过度依赖消费者研究的缺点，我完全同意"你不应该期望你的消费者告诉你答案"的观点。但这并不是因为你的消费者不重要。我听过有人用这些话来贬低消费者的重要性，用一种傲慢的方式——"这些盲从者不知道他们想要什么或需要什么，所以我们就告诉他们！"但这样想的企业家实际上把事情搞反了，人们并不是不知道他们想要什么。他们想要一匹更快的马或一台更快的打字机的原因是，他们有更重要的事情要做，而不是坐在那里畅想那些可以解决他们问题却遥不可及的发明，或等待你的出现为他们解决问题。不过你仅仅出现是不够的,因为他们根本不知道你,所以你要更加努力地去建立联系。

满足消费者的需求

我能想到的当今最成功的一些新锐品牌,它们的成功不是来自说服人们相信一套新的需求,而是它们引进了新的、有创意的解决方案来满足像时间一样古老的需求。克里斯多夫·布克(Christopher Booker)在他 2004 年出版的《七个基本情节》(The Seven Basic Plots)一书中指出,每一部小说都可以按七个情节分类——整个故事宇宙中只有七个情节,每个故事都适合其中一个。也许消费者的需求也是如此。从表面上看,企业的存在是为了解决功能问题。牙膏的存在是因为人们需要用它来清洁牙齿,否则牙齿易损坏脱落。飞机的存在是因为人们想要在短时间内进行长途旅行。但在这些功能性需求之下是核心驱动因素,即人们关心的普遍事物。所有最好的品牌都以这样或那样的方式,在功能之外挖掘这些更深层次的人类需求。要建立一个让人们真正爱上的品牌,而不仅仅是一个实际的解决方案,让品牌真正成为他们生活中有价值的一部分,你必须识别出更多的东西,而不仅仅是你正在回答的显而易见的需求。这就是为什么每当建立一个品牌时,我们首先要确定业务正在解决的问题,这个问题要比显而易见的问题更深。

我们通过使用一个我称为"为什么测试"的方法来做到这一点。你有没有遇到过一个蹒跚学步的孩子,然后他向你提问,可不管你怎么回答，他还是不停地问为什么，这时候就该引导那个孩子进行"为什么测试"。为了纪念亨利·福特的那句假名言，让我们回到过去，想象自己是一个19世纪的企业家，穿着那个时代的连帽衫，或许是一件中长款麻布外套，根据维基百科（Wikipedia）的说法，在不太正式的场合，这种外套取代了礼服大衣。好消息是，你刚刚发明了汽车！很神奇，对吧？花点时间祝贺自己，想象一下自己的估值。当你手上有这种不可思议的创新时，你需要在为它建立品牌之前，先弄清楚你在解决什么问题。记住，问题不是"人们想要一种从A点到B点的个人通行方式"，就像"人们想要有葡萄干的脆麦片"一样，这只是你的错误想法。但是，让我们从人们在日常生活中面临的明显问题开始。也许是这样的："我依靠我的马四处走动，但马很慢，马儿会累。"我却不想止步于此。这就是使用"为什么测试"的原因：

为什么测试

为什么人们会在意他们的马跑得慢呢？
"我到一个地方花的时间太长，也走不了多远。"
这有什么关系呢？
"我花的时间比享受生活和完成事情的时间更多。"
这有什么关系呢？
"因为我很快就要死了，我还有很多事情要做！我不能在这匹马的背上浪费我短暂的生命！"

好了。"为什么测试"总是以对死亡的恐惧而结束！对死亡的恐惧表明你已经走到了"为什么"这个链条的尽头。这是因为我们作为人类所做的一切，无论我们知道与否，最终都是由我们对自己死亡的认知所驱动的。

现在，并不是每个品牌都需要围绕对死亡的恐惧来打造。尽管它可能对医疗保健有意义，但如果你想卖鞋或化妆品，围绕对死亡的恐惧来打造可能会让我们进入一个有点可怕的地方。所以，也许在我们的汽车品牌例子中，它是围绕让你觉得自己已经取得了足够成就的需要，因为任何耗在到达目的地上的时间都不是耗在你想做的事情上的时间。又或者是对自由的需要，不想被距离的限制束缚。在我们思考一个品牌应该代表什么之前，总是要清楚目标受众的情感需求。这确保了我们为品牌所做的任何决定都与我们想要接触的用户相关。这就是消费者研究发挥重要作用的地方。你不应该期望消费者会逐字逐句地告诉你，"什么是你的品牌应该代表的"。但是通过仔细倾听，你可以通过研究来确定消费者错过了什么，以及他们在产品选择时纠结什么。

当帮助一家为男性提供脱发解决方案的公司 Keeps 创建品牌时，我们都确信将利用"秃顶所带来的信心丧失"来策划这个项目。Keeps 是我们与 Thirty Madison 合作推出的第一个品牌，Thirty Madison 是一家新成立的、为慢性病患者提供医疗服务的公司，其使命是为每个人带来专业的护理和治疗。Thirty Madison 的创始人史蒂夫·古腾塔格（Steve Gutentag）和德米特里·卡拉加斯（Demetri Karagas）都有亲身经历，他们都曾意识到自己的头发越来越少,并在努力寻找解决方案时遇到了随之而来的压力和困惑,这些解决方案充斥着虚假的承诺和蛇油①(包括可能是由蛇油制成的药剂)。他们的使命是帮助人们摆脱脱发带来的耻辱感,并让各地的男性都能获得经证明有效的处方和非处方解决方案。药物确实有效,但你必须尽早开始——你可以保留你现有的头发,但你失去的头发不可能再长回来。

  这个商业策略的一个重要部分是针对年轻男性,让人们在还可以控制脱发的时候使用这些疗法。我们的假设是,年轻男性之所以不治疗脱发,是因为他们对此感到尴尬,尤其是因为现有的企业都以年龄较大的男性为营销目标,使用的品牌都非常过时和俗气。(还记得"我不仅是美发俱乐部的主席,我还是客户"这句广告语吗?)所以我们开始和那些正在脱发但还没有采取任何措施的人交谈。很多人害怕秃顶,因为这确实会让人有一定程度的尴尬和耻辱感。但我们也发现了一个从未出现过的问题:许多男性通常不愿意解决任何非紧急情况的问题,他们不会去看医生,除非胳膊着火了,他们不会问路,除非他们……不,实际上在任何情况下他们都不会问路。我们听到很多男人说:"我知道我的头发越来越少了,我不想秃头,但我要等到真正的问题出现后再采取行动。"很显然,到那个时候,已经太晚了。这种对消费者的洞察——不愿寻求帮助,因为害怕显得脆弱(脆弱是"死亡恐惧"的近义词)——引导我们制定了我们的品牌战略。如果寻求帮助

---

 ① 蛇油是一个骗局的想法在美国文化中根深蒂固,"蛇油推销员"一词让人联想到一些阴暗的奸商通过向牛仔出售假冒的瓶装药来坑蒙毫无戒心的牛仔。——译者注

会让男人感到脆弱,我们能否改变这个剧本,转而表明采取行动是一件值得骄傲而不是害怕的事情?这让我们想到了积极主动是一种骄傲:你是那种能把事情做好的男人。

我们的战略理念是"为勇于采取行动的人服务",这激发了我们打造一个以掌控为主题的品牌。治疗脱发并不是软弱的表现——这表明你已经掌握了主动权,你已经走在了问题的前面。我们的品牌理念直接来自对消费者的洞察。我们从来没有考虑过围绕着省钱的愿望来打造品牌,尽管 Keeps 比其他解决方案更实惠;也没有考虑过为了方便而打造品牌,尽管所有事情都可以在舒适的家中在线进行的,包括咨询医生。这些功能性的好处是品牌传达的一部分,但它们不是品牌理念。这就是为什么当你思考你要为人们解决什么问题时,超越显而易见的或世俗的东西是如此重要。

消费者需求和品牌理念是一枚硬币的两面。消费者需求是识别问题,而品牌理念(与商业理念紧密相连)是解决方案。一开始你的需求太小或不够实用,最后你的品牌理念就会变得毫无生机。你要解决的问题是如何奠定你的品牌战略的基础,所以你要确保你正在建立一个能够挖掘人们内心深处的动机、梦想和欲望的品牌。因为对失败的恐惧、自我表达的需要、对归属感的渴望,这些都是深层次且普遍的需求,有时会让人觉得明显而且熟悉。许多品牌都有相同的主题,这是可以接受的。事实上,如果你要向世界介绍一个新想法,将其根植于熟悉的需求是很重要的。"你一直都有这种感觉,这里有一个新的解决方案。"熟悉的问题,意想不到的答案。正是这种舒适和惊喜的结合,使得新锐品牌能够如此迅速地进入人们的生活,成为不可或缺的一部分。它不像一个看起来危险、可怕的新发明,要求人们以一种他们不确定自己是否准备好了的方式改变自己的行为。这是他们一直在等待的答案,只是自己还不知道而已。

爱彼迎的品牌之旅

当你向世界推出一个想法时,品牌可以帮助人们理解这个新业务如何适应他们的生活,以及为什么他们应该关心这些。在理想的情况下,这项工作是在启动前进行的,从第一天起就为大规模购买铺平道路,并创造一种连接感。重塑品牌不仅成本高昂、耗时耗力,而且如果一开始就没有足够的动力,你甚至可能没有机会重塑品牌,这就是为什么刚成立的公司应该努力从一开始就做好。然而,创业之路从来都不是一帆风顺的,有些企业只有在创业后才会找到自己的路,他们要走一条更长、更曲折的道路来达成自己的目的。短租平台爱彼迎是一个很好的例子,它非常超前于它的时代,但在其创始人能够明确他们正在为人们解决的确切问题之前,它很难获得关注。创始人布莱恩·切斯基(Brian Chesky)和乔·杰比亚(Joe Gebbia)是两名居住在旧金山的设计师,他们在2007年很自然地想出了这个点子。像往常一样,一场设计会议即将召开,旧金山的所有酒店房间都被预订一空。而他们正在为交房租发愁,于是他们想到了通过出租公寓的空间来赚点外快,他们的闲置卧室里的三个充气床垫刚好可以派上用场。在Craigslist①上发帖似乎太缺乏人情味了,所以他们建立了自己的网站(最初的名字是airbedandbreakfast.com),以促进这一过程。

现在人们很容易说:"后来的事就是人尽皆知的了。"但是,他们的成长之路并不是一帆风顺直达顶峰,而且在许多时刻,他们都面临着彻底失败的风险。人们不会自动接受住在别人家里的想法,尤其是在更早的年代,房子的主人总是要在场。投资者们也没有马上投资它——因为只有两个设计师,他们既没有技术,而且想法也明显不太成熟,布莱恩·切斯基和乔·杰比亚在早期艰难地筹集资金。但他们发展业务的过程同时也是定义品牌的过程,他们越深入了解品牌对人们的真正意义,他们能看到的成功机会就越多。爱彼迎现在没什么可抱怨的,但如果爱彼迎一开始就能更清楚地阐明自己的目标,那么增长完全有可能会来得更容易。

在最初的几年里,布莱恩·切斯基和乔·杰比亚做了一些实际的和富有想象力的事,帮助企业前进。2008年,他们创造并销售了以选举为主题的限量版麦片盒,以偿还他们创业时所欠下的债务(并且奇迹般地卖出了价值3万美元的奥巴马和麦凯恩船长麦片盒)。那一年,他们还进入著名的科技孵化器Y Combinator,

---

① Craigslist是于1995年在美国加州的旧金山湾区出现的一个大型免费分类广告网站。该网站上没有图片,只有密密麻麻的文字,罗列着各种生活信息,是个巨大无比的网上分类广告加BBS的组合。这是一个质朴简陋、真假难辨,却让美国人欲罢不能、月点击量高达500亿人次的神奇网站。——译者注

获得了 2 万美元的种子基金,并在此过程中遇到了拥有技术背景的第三位创始人内森·布莱查奇克(Nathan Blecharczyk)。接下来,通过与用户交谈,他们发现使用自己网站的一个主要障碍是列表看起来没有吸引力。因此,他们主动去纽约的一些公寓,自己拍摄照片。2010 年,他们从 Craigslist 吸引了一群人到他们的网站上发帖,创建了一个机器人,从 Craigslist 列表中获取信息,并自动将新创建的列表转发给用户,以方便发布。2012 年,他们重新设计了网站和应用程序,并推出了"愿望清单"功能,让用户可以将他们最喜欢的目的地收集到不同的爱彼迎主题组中。已经有很多文章讲述了爱彼迎惊人而又不可思议的发展历程,这是一个很棒的故事,涉及许多摇摆不定的时刻,然而正是在这些时刻才彰显了其决心,当然还有一点运气。但两位创始人最终将成功归功于他们理解了自身企业对人们的真正意义。

到 2013 年,爱彼迎已经建立了一个庞大的充满热情的用户社群,并完成了 C 轮融资。他们与自己的社群用户交谈得越多,包括他们的团队对世界各地的人进行的近 500 次采访,同一个词就会出现得越多:归属感。爱彼迎为人们解决的问题并不是当旧金山所有的酒店都因会议而售罄时,人们可以获得廉价的住宿。当人们旅行时,他们不想让自己感觉像游客或局外人,他们想对这个地方有更深的体验。他们希望把有限的时间过得有意义,而这正是爱彼迎所提供的。无论主人是否在家(这一业务逐渐发展到大多数人都可以租空房子和公寓,而不是睡在沙发上),住在居民家里与住在酒店房间里相比都是一种不同的体验。住在居民家里的你更有可能待在游客较少的社区,更有可能体会到当地的文化。你不太可能会觉得自己是一个在陌生土地上的陌生人,因为你已经"融入"了,你有内部人的视角。让我们想象一下爱彼迎的"为什么测试",如何?

爱彼迎要解决的问题是什么?

- ◆ 酒店不仅价格过高,而且都是普通的、没有特色的。
  为什么这很重要?
- ◆ 人们在参观一个新地方时,不想感觉自己像游客,他们想看起来和当地人一样。
  为什么这很重要?
- ◆ 因为想要真实的体验,而不是人造的体验。他们想要真正从内部体验一个地方,而不是作为一个局外人。
  为什么这很重要?
- ◆ 因为旅行是为了让生活更丰富。
  为什么这很重要?
- ◆ 因为我们记得的那些时刻,并不是在电脑前或洗衣服时平淡无奇的时刻,而是我们真正感到自己是某个事物的一部分的时刻,我们属于某个更大的事物。
  为什么这很重要?
- ◆ 因为我们最终都会离开这个世界!

人们都想要归属感，而这正是爱彼迎为人们解决的问题。这个问题在商业模式本身以及爱彼迎与用户持续互动的方式中得到了解决。从早期开始，它就采用了亲自与用户见面，获得直接反馈的策略，并真正致力于建立一个现实生活中的社群，而不仅仅是将"社群"作为一个时髦词来描述品牌的社交媒体追随者。随着业务在国际领域的扩张，它在"供应面"的增长比在"需求面"的增长更加困难，因为人们并不总是愿意开放自己的家。它通过派遣小团队开拓新的市场，举办聚会和网络会议，与潜在的房东或业主进行面对面的对话来解决这个难题。尽管乍一看，这种策略并不是最具扩展性的，但爱彼迎在现有人力的参与下，在其进入的市场增长了两倍。这是一项致力于解决人际关系需求的业务，通过运用这个策略，爱彼迎获得了更快的发展。

"归属感"理念一直是爱彼迎的核心。2014年，爱彼迎为充分体现这一理念，经历了一次品牌变革。公司推出了一个新Logo，其中包括一个昵称为Bélo的符号，这意味着人、地方、爱和爱彼迎本身的结合。爱彼迎将其口号从"像人类一样旅行"（Travel like a Human）改为"四海为家"（Belong Anywhere），因为这个品牌不仅仅是一个旅行工具，它还帮助世界各地的人们有宾至如归的感觉。爱彼迎的颜色从"创业蓝"变成了更有激情、更有滋养的粉红色。爱彼迎在宣传这个新锐品牌上投入了巨大精力，它发布了一段视频，解释了它的想法和过程，并推出了新的Logo。消费者不需要被告知公司做出品牌决策的每一个细节，只要能感受到变化就行，但这一系列举措背后的意图是强大的：清楚地表达出它正在为人们解决的深层次问题。爱彼迎为了更好地表达品牌目的，不断改进自己的身份。爱彼迎的成功不是因为它的新标识——当它重新命名时，它已经筹集了 D 轮资金，并且每年有数亿美元的收入。品牌已经存在了，如果你认为品牌是帮助人们理解"为什么人们应该关心这项新业务"，那是时候让品牌的身份跟进业务的变化了。

爱彼迎清楚地意识到它正在为用户解决问题，这种意识不断地回归到产品本身。2016 年，它宣布推出 Experiences（体验服务），这是一个新的平台，允许人们预订由当地人举办的体验活动，从在别人家里的烹饪课，到徒步旅行，到爵士俱乐部之旅不一而足。爱彼迎体验（Airbnb Experiences）的理念属于下一个层次，让房东可以通过自己的热情或专业知识分享家乡的一部分，当然也让旅行者甚至当地人看到了一个地方的另一面，否则他们永远无法接触到。

品牌的设计语言也在不断发展。2018 年，爱彼迎与著名的字体设计公司 Dalton Maag 合作，创建了一种名为 Cereal 的定制字体，这种字体非常灵活，可以在营销渠道和产品内部使用，还可以扩展到爱彼迎全球社区的许多不同语言和字母。大多数品牌都有一套在不同情况下使用的字体：一种用于大标题，另一种用于网站上的互动。通过创造一种可以在任何情况下使用的字体，爱彼迎强化了统一和归属感的理念，甚至它的字体也可以属于任何地方。

问：我是否必须创造一种全新的商业模式才能拥有一个独特的品牌？

爱彼迎的成功最有趣的一点是，它的商业模式甚至不是全新的。假日房屋租赁在线服务网站 HomeAway 成立于 2004 年，现在已经与 HomeAway 合并的 Vrbo（另一家假日房屋租赁在线服务网站）更是早在 20 世纪 90 年代就已经存在了。但这两个网站过去和现在都是非常事务性的，它们剥离了服务中人性化的一面，转而专注于地产。它们的呈现方式让人感觉就像一个酒店房间的替代品（但有一个厨房），而无法获得一种更本地化、更特别的体验机会。同样，爱彼迎要解决的问题不是酒店太贵，也不是酒店房间没有厨房和洗衣房。或者更确切地说，它不仅解决了这些问题，还挖掘了更深层次、更人性化的需求。爱彼迎已经完全为世界各地的人们重新定义了一个品类。通过挖掘真正的需求，仅在 2018 年的一个季度就实现了超过 10 亿美元的收入，使该品牌从一个廉价的，甚至可能听起来粗糙简陋的场所，提升为体验当地生活的最佳方式。

正如爱彼迎推出的"体验"功能所展示的那样，对品牌存在理由的更深层次理解不仅会影响传播，还能在产品本身中释放机遇，这就像一个标志或一个广告活动一样，都是品牌的一部分。想想人们对 Venmo 的喜爱吧，这是一款旨在方便小额转账的 App。在 Venmo 出现之前，有很多货币交易的方式，包括贝宝（PayPal，全球最大的在线支付平台之一），现在是它的母公司。可以说，没有什么比一款专为金融交易而设计的 App 更具有功能性和事务性了。但 Venmo 之所以获得成功，是因为它不是一个 B2B 的品牌，而是一个受人喜爱的消费者品牌，其运作模式是该领域从未有过的。Venmo 为人们解决的问题是：向朋友借钱有点尴尬。如果你出去社交，或者娱乐，或者分享经验，你最不想做的事情就是把金钱纳入"等式"中。Venmo 通过将金融交易转变为社交时刻，扭转了这种紧张局面。通过要求用户列出支付理由，并在其中添加有趣的表情符号，Venmo 创建了一个公共的社交动态，这本身就是一种娱乐形式。滚动 Venmo 的动态信息，会显示出你关系网的各种诱人细节——谁和谁在一起，哪些夫妻在共同理财方面有非常奇特的方法。突然之间，回报某人就变成了展示你的智慧和一起分享美好时光的机会，而不是让你感到尴尬或避而远之的事情。

　　这些受人喜爱的品牌之所以能如此成功，是因为它们关注的是消费者，而不是它们自己。爱彼迎在社群服务方面不断发展。它深挖为人们解决的问题，以新的、令人惊讶的方式将其业务和品牌导向持续解决问题。当你立足于你的消费者以及你为他们而存在的原因时，品牌就变成了一种慷慨的行为，而不是一种自我庆祝的行为。这不是关于"看着我，听我说，集中注意力，这就是我很棒的原因"，而是"我了解你的需求，我可以为你提供帮助"。每次你要引起消费者的注意时，都是在告诉他们有些可以为他们服务的东西。每次你想到一个新功能，都是为了更好地挖掘他们现有的需求。创新的理由在于解决实际问题，而不仅仅是为了创新而创新。要成功地推出新产品并让人们爱上它,你需要挖掘一种深层的、真实的需求,这种需求在你出现之前就存在了很长时间,也许就像对死亡的恐惧一样原始。到那时,也只有到那时,你才能证明为什么你值得被迷恋。

> **记住:** 一旦你认为已经确定了你的公司正在解决的最深层的消费者问题,就再深入一点!努力找出需求背后的需求。

2
提升到情感高度

在我开始经营红鹿角之前，我在广告行业的最后一份工作的主要内容是为世界领先的钻石品牌打造品牌故事。对我来说，这是一次十分激动人心的转变。在那之前，我主要从事CPG食品品牌营销工作。CPG即"包装消费品"，就是在杂货店里盒装出售的商品。因为食品代表着一种原始需求，所以包装商品的广告很少脱离功能性信息。几乎每一种食品广告策略都是"它能让你的家人吃到制作简单又健康的食物"或者"它能让自己吃得美味又健康"！

　　但为钻石做广告恰恰相反，我们只能讲述感人的故事。说实话，钻石本身没有任何功能上的效益（除非你是一个珠宝窃贼，需要在一块玻璃上割开一条路才能逃脱）。我在全国各地旅行，和人们谈论他们与爱有关的最深的希望和恐惧，然后想办法把这些情感注入一块漂亮但非常昂贵的石头上。我从一个极端走向了另一个极端，不过我认为这是幸运的，因为在当今世界，品牌需要包办一切。当推出一款新产品时，你不能坚持理性，也不能纯粹情绪化。你需要找到一种方法将两者结合起来，也就是说，你不仅要考虑一个品牌做什么或说什么，还要考虑它给人们带来的情感。

功能很重要，但还不够

最近，我听到了很多关于"品牌是最重要的东西"或"品牌是创业时最重要的东西"的说法。当然，作为品牌公司的经营者，我并不会为人们开始注意到品牌所扮演的重要角色而难过。但我发觉这一明显改变过于极端——过去，企业家认为，如果他们有一款一流的产品，那么品牌根本不重要；现在，人们认为品牌是一颗灵丹妙药。事实上，两者都不正确。你不能把"品牌"从业务中分离出来。这种"品牌才是最重要的"的想法意味着品牌是位于产品之上的并让人们相信你卖的东西是有价值的、闪亮的东西。当然，如果产品有了吸引人的外观和聪明的文案，可能就足够吸引人们的注意，让他们尝试一下。但如果他们开始深挖，发现你的产品并没有兑现你的承诺，他们就不会再回来买你的产品，当然也就不会成为品牌的拥护者。

正如我在第1章所讨论的，打造品牌的第一步是确定你要为人们解决的本质问题，而不是显而易见的问题。这将帮助你建立一个与你想要触及的人群深度相关的品牌。下一步，我将在本章中介绍，打造品牌要确定你的品牌将在人们生活中所占据的情感价值。换句话说，就是确定你的品牌给人的感觉。但在谈论品牌的情感共鸣之前，你必须先从产品本身开始。除了极少数例外，为了建立一个人们喜爱的品牌，产品都需要具备有意义的差异。在红鹿角，我们经常会遇到一些创业者，他们想要创办一家和其他公司一样的企业，他们希望我们能帮助他们塑造一个独特的品牌并在竞争中脱颖而出。我们礼貌地拒绝了这些要求。有时，当我们试图了解他们的业务与竞争对手的不同之处，或者想了解他们的业务将如何让人们受益时，创始人会感到吃惊，认为我们的工作是弄清楚如何让一项业务看起来不同，而不必管它实际上是否如此。我们会问："是什么让这些（袜子、胸罩、零食）与众不同？"然后他们会说："这是你的切入点！"但伟大的品牌建设需要从内部开始，然后向外拓展。你需要了解业务的与众不同之处，然后找出如何将其差异提升为具有情感共鸣的故事。当我制定一个品牌的战略时，我不会凭空捏造，我会深入研究企业存在的原因，然后根据产品的优势自然地编写一个故事。

问：我如何在传达产品的优势和讲述一个感人的故事这两者之间保持平衡？

你不能把产品的优势和品牌的感觉看作需要"平衡"的两件独立的事情。相反，你需要弄清楚如何将它们连接起来。每个产品都有一系列的功能优势。大多数商业想法都是从关注功能优势开始的，理想目标是改进现有的功能。更便宜、更方便、更舒适、更美味、更健康、更容易的选择、更好的客户服务、更简单的购物体验、帮助你变得更有条理、帮助你赚更多的钱……这些产品的优势对企业的成功非常重要，但它们并不是品牌战略的全部。上文有专门介绍一个"为什么测试"的方法，用于创建品牌时确定业务所解决的问题，以及需要如何深入挖掘，直到找到你正在为人们解决的真正问题，你也可以为这些产品优势做同样的事情，只是往相反的方向去做。从你的功能优势开始，然后探索如何用功能优势建立起一个整体的情感价值，换句话说，品牌会给人们带来什么感觉。如今，最成功的品牌不会简单地创造一种没有产品优势基础的情感理念。过去的电视广告经常讲一些与他们销售的产品几乎没有关系的故事：他们只是想让你笑或哭，同时提醒你多力多滋①（Doritos）或美国电话电报公司（AT&T）的存在。但如今，要打造一个从一开始就使人们执迷的品牌，就需要有一个清晰的贯穿线，也就是说，品牌所讲述的故事和它们所唤起的情感应该得到产品实际功能的支持。你可能有过一次关于品牌建设的讨论，有人提到了"真实性"（哪怕只有一次，你就很幸运了）。要保证令人垂涎的真实性，最可靠的方法之一就是确保你所宣称品牌的理念实际上与产品的功能相一致。将品牌战略植根于某种情感，但由功能优势所支持。

将品牌提升到一种感觉或情绪的想法并不新奇。事实上，从消费主义开始盛行以来，这就是品牌和广告的核心原则，如可口可乐代表快乐，万宝路代表阳刚之气。今天推出的这些品牌的新特点是，它们的情感故事与产品的实际功能以及它们的行为方式

---

① "多力多滋"是百事公司旗下零食品牌，上市于1966年，在美国最早推出玉米饼薯片。——译者注

紧密相连。这种积极的感觉不会在广告结束时停止。品牌理念贯穿于整个体验,从客户服务到包装再到产品本身。品牌不再是你所销售的产品之上的一层,也不再是你所提供给人们虚无缥缈的叙述。我们不再生活在一个你可以让人们相信一罐气泡糖水就代表着"青春"或"幸福"的时代。如今的消费者受教育程度都很高,他们有太多的选择,他们的期望太高,无法被"肤浅的品牌塑造"满足。想想剃须刀品牌吉列(Gillette)在2019年推出一款引发热议的抨击"有毒的男性气质"①的商业广告时所面临的强烈反对吧。我要说的不是那些被他们认为是对自己的攻击而感到愤怒的人,因为他们根本不值得我在键盘上耗费精力。而是有其他消费者正确地指出:一个品牌在宣传中声称支持女权主义,但仍然收取"粉红税",即对恰好销售给女性的相同的剃须刀收取额外费用,这是虚伪的。仅仅公开支持女权主义是不够的,你必须付诸行动。

问:当我创建一个品牌时,为什么我还需要讲述一个情感故事?最诚实的做法难道不是简单地说:"这是一把牙刷。它更便宜,而且比其他牙刷好用。你自己决定吧。"

只关注功能优势的问题在于,功能优势不足以让人关注你,更不用说从第一天起就让人执迷了。尽管功能优势至关重要,但

---

① "有毒的男性气质"(toxic masculinity),指的是那种非常传统的男性特质,如带有攻击性、大男子主义、万事不求人等,大致也就是通常所说的"霸道总裁"或者"直男癌"性格。

也可能只是谈判的筹码。如今，如果你的创业速度不够快、成本不够低、不够取巧，那么你选择创业就太愚蠢了。因为如果你不改善现状，你就没有什么理由创业。我们在红鹿角帮助推出的大多数项目——Colugo 婴儿车、Casper 床垫、Keeps 防脱发产品、Snowe 家居用品等，都提供了与市场上现有的优质传统竞品质量相同但更实惠的选择。这些品牌中没有一个是建立在帮助人们省钱的理念上的，但这并不意味着我们在品牌塑造的全过程中都不谈及价格——有时我们也需要强调可负担性。但如果你建立一个品牌，只代表可负担性，那么只要有人比你便宜 5 美元，你就完了。同样的道理也适用于便利性。如今，每个品牌都是在为受众提供着便利。有太多初创公司的广告宣传都是"你有更重要的事情要做，所以我们帮你搞定……"这样的广告并不独特。

在你考虑将便利作为你的品牌理念之前，我需要解决便利如何惠及每家每户的问题。你可能已经预见到了我将要谈谈亚马逊，也许你也很惊讶我等了这么久才开始谈论它。亚马逊的便捷性的确令人印象深刻，单凭便捷性是很难与之抗衡的，你根本赢不了这场战斗。但亚马逊也不是一些人所认为的那种无懈可击的竞争对手。当有一天我们都在为亚马逊工作，或者亚马逊在我脑子里留下了一块芯片时，我可能会后悔把这些写下来，但我不相信亚马逊最终能摧毁所有其他的业务，成为唯一的留存者。这是因为，说到底，亚马逊所代表的只是便利。在亚马逊上购物也不会变得更愉快，亚马逊不会帮你发现令人惊奇的新事物，亚马逊也不会让你有什么感觉，除了"天哪，我简直不敢相信它这么快就送达了"。和很多人一样，我对亚马逊有点上瘾。我承认我每周订购的产品多到令人尴尬。但我订购的商品要么来自我在其他地方喜欢的品牌，要么是十分无聊但实用的商品，以至于我甚至懒得去建立品牌亲和力（在某些情况下，一个新锐品牌的出现很容易改变我的想法）。亚马逊不是一个让人不断有新发现、产生忠诚或带来娱乐的地方，而是一个只涉及左脑计算①的地方。事实上，我会花更多的钱在布鲁克林的书店买书，因为我喜欢在那里购物的体验，我很感恩它就在我家附近。

这就是为什么即使亚马逊和它大胆的伙伴 Alexa（一家专门发布网站世界排名的网站）渗透到了我们生活的方方面面，新锐品牌仍然能够推出并获得成功。如今，人们比以往任何时候都更想与他们所购买的东西和购物场所产生情感联系，他们想要的不是"那么快"的感觉。这就是为什么即使开办一项不便利的业务很难，你也不应就此止步。你必须弄清楚你给人们带来了什么超越理性的东西。这不是欺骗或混淆视听。你要认识到，每次你与别人交流的时候——无论是通过广告、网站、邮件，还是最重要的产品本身的体验——你都有机会让他们感受到一些积极的东西，或者没有让他们感觉到什么。换句话说，如果你要求别人花时间和你在一起，难道你不应该让他们觉得超值吗？如果你遵循的是

---

① 20世纪六七十年代，由诺贝尔生理学奖获得者、美国著名神经生理心理学家斯佩里（R. W. Sperry）等人进行的"裂脑"研究，对人们正确认识和理解人类大脑两半球功能的不对称性开创了崭新的局面。斯佩里指出："左半球是高度语言和数学化的，而且这种语言和数学化表现为分析的、符号化的，同时也是计算的、连续的和逻辑的。而右半球则与之相反，它是以综合的方式来处理空间信息，它是非语言的，它处理信息的程序是机械化的，却不能通过计算加以模仿。"——译者注

先为别人解决问题的原则,那么你的目的就不是哄骗他人喜爱上你的品牌,而是挖掘出他们需要的东西,并真正为他们解决问题,这也是你的产品确实需要解决问题的原因。当人们指责品牌具有操控性时,代表品牌并没有给消费者足够的信任。没有人会被一个很酷的商标愚弄,但是他们会被品牌故事吸引,因此,你应该以一个更有趣、更吸引人、更有意义的故事,讲述它们为什么会存在于这个世界上,然后用一种更有利于人们生活的产品体验来支撑这个故事。

如何将功能与情感联系起来

不是只有卖钻石的商家才能讲述可以引起情感共鸣的故事。我们与 Boxed 合作,这是一家以批发价格销售日常用品的移动社交时代零售商。Boxed 既想要成为下一个开市客(Costco,美国最大的连锁会员制仓储量贩店),也要成为一家互联网企业。当我们第一次见到 Boxed 时,它正在努力挣脱"开市客,更方便还没有会员费"的身份枷锁。你绝不会希望人们仅仅通过与其他品牌的关系来定义你的品牌 ["这是推特(Twitter)和 Pinterest 的结合,再加一点优步"——这种品牌认识可不好]。Boxed 早期的所有宣传都是关于节约人们周六去线下仓储量贩店的时间的。便利是 Boxed 故事的一个重要组成部分,我们的目标是永远不放弃"便利"这个标签,但还要提供一个全新的信息。该品牌仍然承诺把你的时间还给你,但像 Boxed 这样的企业,它可以说是亚马逊的竞争对手，销售很多可以在亚马逊上买到的商品，我们必须弄清楚这个品牌除了方便之外还有别的什么意义。通过直接与顾客交谈，我们发现批量购买不仅能节省成本或时间，还能带来情感上的好处。拥有一个储备满满的壁橱或食品储藏室，你会有一种安全感和自豪感，即准备好面对生活中的任何挑战的感觉。考虑到空间的限制，一些城市居民可能很难接受这一点，但对美国大多数地区的人来说，打开一个装满一卷又一卷卫生纸的壁橱会带给人一种成就感——我准备好了。这让我们想到了"为生活做好准备"的品牌策略。在我们进行消费者调查之前，Boxed 团队甚至对使用"批量"这个词都很犹豫，因为他们担心这个词听起来很廉价或没有吸引力，但我们的新战略允许我们在品牌故事中突显"批量"。我们选择了很大胆的品牌新标语——"爱上批量"和"用之不竭"。这不仅体现便利，而且我们传递的积极情绪使你感觉永远不会耗尽你所需要的东西。Boxed 仍然在传达关于拯救你的周六的信息，但它具有十分独特的观点，而不仅仅是关于便利性。

人们最喜爱的品牌都代表着一种明显的情感理念，这比其产品本身的好处更重要。当我们开始与一家公司合作时，我们从它正在为人们解决的问题开始，再到定义一个品牌所代表的理念，以及这个品牌应该给人们带来什么感觉。只有当我们明确这些之后，才会开始思考调性、设计和语言。品牌所做的一切以及消费者体验到的一切都会受到这个核心理念的影响。这并不意味着我们需要频繁公开地表达我们的理念，有时你只需要解释一下这是什么或者它是怎么工作的。有时你也需要吹捧产品的功能优势,但情感理念始终存在,指导着品牌的行为,影响着我们的决定——首先是产品及功能,然后是品牌所代表的意义。

当我们第一次见到欧布斯的创始人乔伊·兹威林格(Joey Zwillinger)和蒂姆·布朗(Tim Brown)时,我们被他们的产品故事深深打动了。蒂姆曾在新西兰国家足球队踢了近十年的职业足球,在那段时间里,他收到了很多免费赞助的鞋子。但他对制鞋行业感到很失望,因为他收到的一双又一双的鞋子上都覆盖着商标,颜色鲜艳,而且是用世界上非常破坏自然环境的廉价材料制成的。蒂姆在新西兰的成长过程中亲眼目睹了美利奴羊毛的神奇力量。美利奴羊毛是一种柔软、透气、能调节温度的优质材料,并且羊毛每年都会长回来。但他发现美利奴羊毛从未被用于制鞋,于是决定研究用羊毛制造一种新型鞋。经过一段时间的研发,蒂姆开发了一种以羊毛为基础的新型材料,并获得了专利。这种材料既坚固耐用,足以做鞋,又不失柔软与弹性。2014年3月,蒂姆在Kickstarter[①]上发起了一项活动,测试大家对他的羊毛跑步鞋的需求。他希望能筹到3万美元,但他筹得了12万美元,然后就不得不在4天内关闭了众筹活动。

为了实现他的愿景,蒂姆需要一个了解供应链的合作伙伴。乔伊一直在一家名为Solazyme的公司管理着化学部门,该公司利用生物技术制造可以代谢糖的微藻,并将其转化为可再生产品。2015年年初两人联合创建了欧布斯,当时名为Three Over Seven。

---

① Kickstarter是一个专为具有创意方案的企业筹资的众筹平台。——译者注

我们在那年春天碰面，大约在产品公开发布前9个月。尽管在Kickstarter上的反馈非常积极，但两位创始人都知道，如果不认真关注品牌，就不可能在鞋类领域取得成功。毕竟，鞋类是世界上最具品牌导向的类别之一。耐克是继苹果（Apple）之后，大家在项目启动时最推崇的品牌。耐克如此受人喜爱，以至于当人们把它列为自己最喜欢的品牌时，你很难对此表示鄙视。然而，我们也很难反驳这个选择，因为耐克几乎在所有方面都做得非常出色。很少有品牌能比它更善于不断提升情感理念，而不仅仅是体现产品的好处。耐克的品牌塑造从来不仅仅是着眼于鞋子，它总是上升到情感层面——在我们所有人心中都有一个运动员。耐克为其他鞋类品牌，甚至是为其他所有品牌树立了标杆，它讲述了一个人们应该关心的更宏大故事。

当欧布斯来找我们的时候，他们的业务有两个令人信服的方面。这两方面都非常重要，它们构成了一个受人喜爱的、改变市场规则的品牌的基础，使得这个品牌能够可信地代表一种情感理念。

1. 以可持续材料为重点，转变鞋业的使命

这是该品牌存在的核心原因，也是故事的主要部分。但我们一致认为，如果只把欧布斯定位为"环保运动鞋"，这个品牌永远不会达到它的目标和影响。会有一小部分人非常关心环境，但他们只会因为这个原因买一双鞋而已。为了吸引更广泛的受众，欧布斯必须讲述一个与人们的生活有关的情感故事，而不仅仅是激发他们做好事的愿望。的确，人们越来越关心一个品牌的社会和

环境影响，并被那些让世界变得更好的品牌吸引。如今，许多品牌都希望通过做好事来获得成功，无论是他们使用的材料，还是汤姆布鞋（Toms Shoes）①发明的"买一送一"模式，抑或是建立与公益事业的联系。但我希望今天上市的品牌明白，企业的责任不能只是口头上说说——现在的消费者太聪明了，他们可以看穿假象。如果一项社会使命与企业和品牌故事没有内在联系，只会让人觉得故事是叠加在产品上面的一层虚假的东西。鼓舞人心的事情是，品牌与社会使命的联系，如同负担能力和便利性，正在缓慢但毋庸置疑地成为桌上的筹码。对于那些不把可持续发展作为其产品或包装战略一部分的品牌，以及那些不关注在世界上产生更大影响的品牌，我十分质疑它们的发展。世界正朝着这样一个方向发展：如果你不能以改善生产和制作方式为目标，以造福人类和地球为目标，你就难以创业。欧布斯无疑是在树立这一标杆，我绝不是在试图淡化该品牌对可持续发展的关注的重要性或相关性。没有这一点，欧布斯将只是另一个大众鞋类品牌。但我认为，可持续发展更多地属于"功能性利益"的范畴，而不是一种感觉。即使品牌所做的每一件事都植根于你为人们解决的问题，你仍然需要一个与深刻的个人感受相联系的品牌故事。大多数人关心环境，但他们并没有把地球的痛苦当成自己的痛苦（至少现在还没有）。

---

① 美国的鞋履品牌汤姆布鞋（Toms Shoes）是美国设计师布雷克·麦考斯（Blake Mycoskie）在阿根廷创立的品牌，在刚成立时便提出"每卖出一双鞋，就会向有需要的地区捐赠一双鞋"的口号。这种将时尚和慈善合二为一的商业模式成功地打响其品牌知名度，并且掀起一股慈善消费的时尚风潮，也产生了许多模仿者。——译者注

2. 鞋子本身

如果欧布斯的鞋子不够好,再出色的品牌故事也无法弥补。这款鞋的设计遵循了以下几个核心原则:第一个原则是对极简主义的坚持。这是对那些过度覆盖着亮闪闪的商标,好似在脚上设立迷你行走广告牌的运动鞋的一种纠正。创始人想要一款多功能的鞋子,而设计极简的鞋子可以融入所有场景,你可以穿着它去健身房、去工作、去吃饭。我们的目标就是设计出一款可以让你在旅行时只带这一双的鞋子。第二个原则是舒适。我知道你现在在想什么,难道不是所有运动鞋的设计都遵循舒适原则吗?虽然我不想让你觉得我在为欧布斯打广告,但如果你还没试过,请你真的相信我——欧布斯的鞋真的真的很舒适。欧布斯是如此舒适,以至于当你习惯后确实就很难再去穿其他鞋子了。但是,舒适虽然很吸引人,却可能是一种诅咒,毕竟其他过分倚重舒适的鞋类品牌当然变得不酷了。我不会说出名字,但你应该知道那些"妈妈运动鞋"或"爸爸运动鞋"的牌子。因此,舒适本身并不是最吸引人的属性。

欧布斯有它的优点:可持续性、极简设计和舒适。研究小组发现,这三者都与探索有关。这双鞋能让你没有任何阻碍地去任何地方,"一双鞋满足你对鞋的所有需求"。穿上它们,登上飞机,看看世界!当然,探索也与环境使命有关——该公司不断寻找世界上可持续材料的新用途,并重新思考如何制造我们当前拥有的东西。探索触发了"好奇"的情感价值,激发好奇心成为创意决策的指路明灯,成为连接业务、产品和品牌的保护伞。从名字开始,我们的目标是找到一个意思不太明确的名字,以激发人们的想象力。我们一群人围坐在一起集思广益(或者称之为"命名风暴"),有人问,"除了几维鸟(kiwi,又名奇异鸟),还有哪些鸟来自新西兰?"(蒂姆的祖国新西兰以几维鸟闻名,所以几维鸟这个名字太有代表性了。)每个人都喜欢将品牌名称与新西兰根源联系在一起的想法,鸟类作为一种象征,也与探索策略紧密相连。一个新西兰人回答说:"在人类到达新西兰之前,这里全是鸟。"立即,这个遥远的鸟类天堂的美丽与辛酸的故事打动了每个人。有时候想起个名字得花上数周的时间,但当我们听到答案的时候,我们都知道 Allbirds 一定是这个品牌的名字了。不仅如此,这个名字的背后还有一个微妙的环境故事,因为一旦人们来到新西兰,带来了其他动物,生态系统就发生了变化。这是一个人类存在对自然产生直接影响的例子,但我们的目的并不是要深入研究这些,因为没有人预料到消费者会知道为什么这个品牌叫 Allbirds(欧布斯)。蒂姆和乔伊喜欢它的与众不同,也喜欢它让人觉得有点不适,最重要的是,它让人们好奇,它听起来不像其他任何鞋类品牌。

问:如果我的品牌名称与我的产品没有任何关系,这是否意味着我需要花更多时间和精力向消费者解释它是什么?

最好的品牌更倾向于一种感觉,而不是完全依赖功能优势。很多时候,新锐品牌试图创造一个准确描述其业务的名称。对于那些试图在消费者中"测试"自己名字想法的品牌来说,尤其如此，因为在没有任何上下文的情况下，人们总是被字面的、描述性的名字吸引。但在现实世界中，消费者很少会遇到脱离上下文的名字。名字总是会出现在其他交流的语境中，所以选择一个更感性、更抽象的名字通常是更为聪明的做法。否则，在纯粹的实践层面上，你可能最终会陷入这样一种情况：随着业务发展，你的名称将不能够涵盖你的全部产品。就如同overstock.com①或Mailchimp②那样，它们不得不开展广告宣传活动，解释它们的业务不仅限于名称所描述的，并解释它们是如何运作的。这多浪费媒体预算啊，本来这些资金可以花在企业的任何其他方面。名字也是一个激发感觉和好奇心的工具，而不仅是简单地说明一家企业是做什么的，可以参考微软与苹果。如果你的名字能告诉人们你的真实身份，那么谈话还没开始就已经结束了。几乎在所有情况下，我们都敦促企业不要担心名字无法传达产品的功能优势，而是要选择一个可以建立一种感觉的名字。名字应该是品牌的一块画布——可以像欧布斯那样具有象征意义，也可以像来福车那样与企业业务有更明确的联系，但它应该足够开放，不会限制业务扩张，而且人们可以将自己的意义嵌入其中。

名字只是一个开始，只是品牌拼图的一小部分。欧布斯的品牌视觉和语言世界是以好奇心为导向的。它有一个字符疏松的手写标

---

① overstock.com成立于1997年5月5日。该公司是采用区块链技术的在线零售商，提供家具、家居装饰、床上用品、珠宝和手表等产品。——译者注

② Mailchimp成立于2001年，总部设在美国佐治亚州亚特兰大，是世界上领先的电子邮件营销平台，主要从事发送电子邮件营销和自动邮件业务，创建有针对性的活动，推送报告和分析，并在网上销售。——译者注

志,灵感来自鞋带,这在同类产品中是极不寻常的。它的图标是一只抽象的鸟,由字母 s 创作而成,这也采用了非传统的方式,以名字的最后一个字母而不是第一个字母作为品牌缩写。新西兰插画家托比·莫里斯(Toby Morris)为其创造了一个异想天开的精彩插图世界,邀请人们去探索。这其中就包括欧布斯的"说话羊"彼得,这只卡通羊会出现在该品牌的交易电子邮件中,为最普通的沟通(如订单确认)也增添了意想不到的乐趣。在每个环节中,欧布斯都添加了惊喜的元素——虽然微妙但值得注意,比如一个展现了脚趾在羊毛中扭动的动态图片,带给人们一种发自内心的柔软感。网站的所有封面照片都展示着人们在行动中,走向下一个冒险旅程。

　　在公司网站的开篇信息中,一个看似简单的标题最终成为该品牌早期的一个标志性部分:"事实证明,世界上最舒适的鞋子是由羊毛制成的。"从表面上看,这句话似乎极为直接易懂,但它的添加不仅创造了一种随意的、对话式的基调,还讲述了这款鞋的诞生原因与创新点。欧布斯创立了"世界上最舒适的鞋子"这一概念,随后被媒体采用,并成为该品牌的主要描述。为了改进传统的盒中盒包装,该团队发明了一种新型鞋盒——既可以作为运输纸箱(这一创新使纸板量减少了 40%),也能够像一本书一样展开,为讲述品牌故事创造了绝佳的机会。无论是谈论舒适还是加强企业对可持续发展的承诺,品牌理念都能通过鞋盒传递,诱发情感共鸣,并激发人们的好奇心。

　　欧布斯已经取得了惊人的成功。上市后,欧布斯团队继续致力于将品牌提升到新的高度，引进了由可持续资源制成的新材料，开设实体零售店，向其他国家扩张，并发布限量版的颜色，吸引更多的人购买。你会觉得无论你去哪里，都有人穿着欧布斯，甚至奥巴马总统也穿着一双。让我最高兴的是，尽管有些人说欧布斯是硅谷科技界的非官方制服，但我93岁的奶奶同样有一双她非常喜欢的欧布斯，孩子们也穿着小欧布斯（Smallbirds）到处跑。鞋子本身令人难以置信的舒适和多功能性，以及品牌占据的情感空间，使得产品和品牌具有普遍性。欧布斯品牌的积极意义是每个人都可以参与其中，这与试图让品牌成为所有人的一切是不同的。欧布斯有独特的调性和审美，它的情感价值突破了人口统计学或地理位置的限制。该品牌的个性植根于一个环保使命，让人相信这一点很容易，但只有当产品做到了真正的创新，实现了它们真正的效用时，这一使命才是有意义的。品牌不仅仅是娱乐——它更是一种媒介，用来讲述关于鞋子和它们在世界上用途的有意义的故事，无论是在宏观层面还是日常舒适的微观层面。欧布斯的品牌故事、商业目的和产品利益是相互交织在一起的，而不是浮于产品的表层。

从人群中脱颖而出

欧布斯是一家拥有令人惊叹的创新故事和令人难以置信的产品的企业，但人们对这个品牌的喜爱最终根植于它给人们的感觉。无论产品多么有趣或独特，我们总是在思考品牌如何在个人层面与人们建立联系。对于创新企业来说,存在着陷入细节困境的风险,有人错误地认为有一个新的产品故事就足以让人们关注它。我们的另一个客户 Bowery 也面临着这个挑战。Bowery 是一家室内农业公司,其使命是解决世界粮食危机。Bowery 的室内种植专利技术,使得农产品几乎可以在任何地方种植,并且用水量比传统农业少 95%,生产效率在同样的土地上也提高了 100 倍。这是一个非常激动人心的故事,但问题在于它直接违背了大多数人在购买蔬菜时想要的感觉。人们将农业理想化为与创新和技术完全相反的东西——那是一种"回归土地,双手沾满泥土"的昔日愿景。我们与 Bowery 首席执行官欧文·费恩(Irving Fain)携手将 Bowery 打造成能满足人们对新鲜、自然农产品的需求的"现代农业公司",让人们觉得他们在为自己和家人做出最好的选择。这绝不是为了隐藏 Bowery 的技术,而是把它与我们知道的人们正在寻找的感觉联系起来。

我们知道消费者对农产品的黄金标准是本地和有机。所以我们强调了这样一个事实,因为 Bowery 的农场是室内的,所以农产品可以种植在离销售地几英里的地方,能够尽可能地实现本地化。至于有机,Bowery 种植蔬菜时不使用杀虫剂,因为它能够完全控制种植环境,所以实际上其种植的蔬菜比有机蔬菜更好。Bowery 对农业生产过程的精确控制使农产品达到了可以想象到的最纯净的程度。这种精确控制与自然的独特相结合,既定义了品牌身份,也指导了创意选择,使 Bowery 在强调创新的同时注重为消费者带来健康和营养的感觉。

我们创造了差异和惊喜：你不会想象到最纯净的农产品是在室内种植的，但 Bowery 确实做到了。品牌的视觉符号采用了松散的、富有表现力的形式，并以高度的精度和工艺创造出来。取名是一个艰难的决定，这个名字蕴含了鲜明的对比，因为纽约的"包厘街"（Bowery）并不会让人联想到新鲜美味的蔬菜。对于那些没去过纽约的人来说，包厘街是纽约市中心一个非常有趣和充满活力的社区，但它不是一个你想在人行道上吃东西的地方。然而，当我们给他们公司命名的时候，我碰巧在读一本关于老纽约的书，得知 Bowery 在荷兰语中是"农场"的意思，这就是包厘街的名字来源，来自最初的城市农场。Bowery 是这个行业的完美象征，我们喜欢它的有趣，虽然可能会有些争议，但它能在货架上引起人们的注意。当这个行业中的许多品牌名字都是字面意义或者代表功能性（如有机女孩 Organicgirl，大地农场 Earthbound Farms）时，我们采取了相反的方法。我们和欧文做的每一个决定都考虑了品牌体验的层面。在农产品货架上，什么会吸引人们的注意力？一个与众不同的名字和品牌标识。什么能说服他们购买呢？他们最关心的功能效益（当地化、无杀虫剂）。是什么让他们在晚宴上谈论这个品牌，并对自己的购买感觉良好？该品牌的使命。所有这些都是相互关联的，你不可能在不考虑其他要素的情况下，成功地打造某一个品牌。品牌的情感共鸣不是凭空创造出来的，它必须得到公司的实际行为和所销售的产品的支持。而一个品牌的言行以及它给人们的感觉之间，也需要情感共鸣连接。

如今的市场环境下，消费者拥有比以往任何时候都更多的选择、知识和权力。因此，你必须从一开始就基于诚信来打造品牌。在你开始考虑你的商标之前，你需要弄清楚你的使命是为人们做什么，以及你想让人们有什么样的感觉。品牌塑造是创造一种体验，为人们解决真正的问题，并以一种让人感到被理解和振奋的方式去实现。如果你想要拥有的情感价值并不是基于产品体验本身，那么你所讲述的只是一个很好的故事，当别人触及深层时，故事的意义就会消失。这就像服装品牌雇用大码模特来营造一种包容性的感觉，却不提供超过 12 码的服装[①]。（这是真实发生的事情，而且令人沮丧的是这种现象很普遍。）

品牌永远不应该是一种欺骗，它应该是一种令人愉快的产品真实的表达，并最终成为人们生活中的积极力量。人们最喜欢的品牌是能将功能与情感轻松地结合在一起的。那些品牌的产品实现了应有的效用，甚至比其他任何产品都更好，同时品牌会让你感觉很好，因为你就是它世界的一部分。如果你只拥有产品功能或只拥有情感，随着时间的推移，消费者维持爱和忠诚是非常困难的。但当你能同时做到这两点时，人们就会沉迷其中。

> **记住：** 考虑每一个功能优势以及如何将它们转化为一个统一的可信的情感故事。然后弄清楚人们的感受，确定你要做的所有事情都是能够改善人们生活的。

---

① 美国连衣裙尺码的 12 码大概相当于 L 码。——译者注

3

自我意识

在经历前几次 iPhone 的迭代后,我对苹果公司感到很失望。我在同步新手机时遇到了很大的困难,这与过去打开任何一款苹果应用程序运行起来都那么完美的体验形成了鲜明对比。我被惹怒了,想要做点什么,于是我考虑了一下改用安卓手机。我查看了几部手机,询问了一位使用安卓手机的朋友的想法(他的反馈都非常积极),然后很快得出结论——即便安卓手机更便宜、更便利,摄像头也更好,但我就是做不到改用安卓手机。我不想成为一个"绿色短信用户"。因为,正如 iPhone 用户所知,当你通过 iMessage 给其他 iPhone 用户发短信时,文本显示为蓝色。但当你在任何非苹果设备上给某人发短信时,文本就变成了绿色。在那一刻,我接受了自己作为苹果推崇者的身份。苹果可能会惹恼我,它的产品可能会走下坡路,它的发布会可能会让人失望,但苹果品牌已经与我的身份紧密联系在一起,让我无法离开。拥有一台苹果笔记本电脑、一部 iPhone 或 AirPods 标志着你所关心的东西以及你的可支配收入(让我们不要忽视这块拼图)。多年来,苹果为了将其品牌与创造力和颠覆传统联系在一起做了许多出色的工作，以至于即使你周围的每个人都已经拥有了它的产品，人们仍然觉得使用它的产品很酷。这是一个品牌与一套价值观保持一致，并成为人们自我意识一部分的终极范例。在 Mac 与 PC 的较量中，Mac 是能影响你一辈子的。

围绕客户建立你的品牌

在第 1 章中，我谈到了将你的品牌植根于正在为人们解决的问题。第 2 章关注的是会给人们带来什么样的感觉。所有这些原则都有一个共同点，那就是品牌塑造的整个过程不是围绕自己，而是更多地关注客户。当今最成功的品牌都意识到，为了创造有意义和持久的关系，它们需要找到新的、积极的方式来利用人们的自我意识。它们需要从一开始就创造出人们想要认同的品牌身份。当然，领导品牌总是试图让自己与消费者保持一致。如果你是一位关心宝宝舒适性的父母，那你会买帮宝适。如果你是一个热衷世界级工程的人，那你可以开一辆宝马。

但这些类型的叙述本质上仍然是以产品为中心的。"我们的产品包含 X 和 Y 属性，购买我们的产品，就表示你关心这些属性。"新一代企业的不同之处在于，它们不是邀请消费者通过选择品牌来定义自己，而是让自己与消费者的价值观保持一致。这就是"购买我这个品牌，因为你要关心 X 属性"和"我们理解你关心 X 属性，我们也是如此"之间的区别。新一代企业是主动在消费者所关注的地方与他们见面，而不是试图迫使消费者进入品牌想要讲述的利己主义的故事中。通过立场转换,品牌塑造变得更多的不是建立自己的身份,而是创建与客户的共享身份。

这种转变在时尚界表现得最为明显。在很多方面,时尚是品牌演变的完美缩影,因为品牌一直是时尚这个领域决策的主要驱动因素。是的,奢侈品牌当然有更好的版型、更精细的缝制、更讨人喜欢的裁剪,但没有人能否认,品牌的实力对消费者选择和购买意愿所起的巨大作用。你可能会争辩说,你之所以选择某种洗涤剂,是因为它能更好地洗涤你的衣服。但当涉及服饰本身时,想要做出纯粹理性的决定就会困难得多。一个免费的促销手提袋可以像一个香奈儿包包一样方便携带钱包和钥匙,但当你把它扛在肩上走出大门时,可能不会让你有同样的感觉。无论是古驰(Gucci)的极致设计,还是 The Row[①] 的低调奢华,人们愿意花几千美元与这些品牌的形象保持一致是有原因的,其仿冒品充斥整个市场也是有原因的。某些奢侈品牌尽管代表了一种更传统、更老式的方式,但它们在保持品牌含义的相关性方面仍然做得很好。

然而,一场新兴的运动正在颠覆为品牌买单的现象。这些新兴品牌不再要求人们为了外在表现而挥霍,不再将品牌标志置于中心位置或其他显眼的位置,而是选择传递一种价值观。这些价值观讲述了一个强有力的故事,它与公司无关,更多的是与选择它们的人有关。古驰创造了一个令人垂涎却遥不可及的世界,你

[①] The Row 是奥尔森姐妹(Olsen Twins)2006 年创立的美国高端时尚品牌,其名称灵感来源于伦敦著名的萨维尔街(Savile Row),一经问世便受到时尚界的追捧,无论是女士系列还是男士系列,都以无懈可击的美学理念和高品质的制作工艺而著称。——译者注

可以花很多钱来试图靠近一点点，而新兴品牌正在用一种与传统注重形象的方式相反的故事来吸引消费者。Everlane 是新兴时尚品牌的完美体现，它植根于与顾客的共同身份而不是自身形象，它通过拥抱透明而不是神秘来做到这一点。通过其透明的做法，它吸引了一大批关注衣服如何制作以及原材料来自哪里的人。

Everlane 和"彻底透明"

2011 年，Everlane 甚至还没有推出，它就开始通过事先的推荐计划来建立与受众的联系，该计划传达的信息简单而有力，为与朋友分享的人提供分级奖励。它凭借在汤博乐（Tumblr）[①]上发布的一张信息图迅速走红，讲述了生产一件设计师款 T 恤[②]的实际成本，并将其与典型的时尚溢价进行了比较。它揭示了一件商品的生产成本（估计为 6 美元）和消费者被要求支付的价格（45 美元）之间的巨大差异。相比之下突出了 Everlane15 美元的价位，因为 Everlane 在产品发布会上提供的唯一产品就是它的简单、高质量的 T 恤。虽然直接面向消费者的模式并不是 Everlane 独有的（例如，美国眼镜电商品牌沃比·帕克也是如此），但 Everlane 是

[①] 汤博乐（Tumblr）成立于 2007 年，是全球最大的轻博客网站，也是轻博客网站的始祖。它是一种介于传统博客和微博之间的全新媒体形态，既注重表达，又注重社交，而且注重个性化设置，成为当前最受年轻人欢迎的社交网站之一。雅虎公司于 2013 年 5 月以 11 亿美元将其收购。——译者注

[②] 设计师款是指由有名的设计师设计的款式，一般款式新颖独特，但价格也很高。——译者注

第一批直接去掉中间商和时尚溢价以向消费者提供更多价值的品牌之一。这引起了消费者的强烈共鸣。

问：等一下。这种做法不是和你之前说的相反吗？Everlane 不是避开了情感联系，转而支持功能效益，把重心都放在价格上，并将其提供的产品商品化吗？

尽管表面上看起来可能是这样，但 Everlane 并不是以 15 美元的价格售出一件只值 15 美元的 T 恤。它传递的信息从来不是关于价格本身，而是关于公平和诚实。便宜的 T 恤在埃韦兰斯很久以前就存在了，你可以去杂货店买到一件塑料袋包装的 T 恤，但它们给你的感觉仅仅是便宜。即使大多数消费者都意识到时尚界令人震惊的溢价，但他们要么以更高质量的名义证明花更多钱购买高端品牌是合理的，要么因为缺乏有吸引力的替代品而接受现状。Everlane 的优秀之处在于，它讲述了一个自身与消费者在同一阵线的故事。它没有摧毁时尚的概念，也没有让人们觉得当初关心时尚是愚蠢的，而是为人们提供了一种与时尚品牌建立联系的新方式。毕竟，时尚很有趣，买衣服的乐趣并不是许多人想要直接拒绝的。人们通过购买的衣服、鞋子和包包来表达自己的个人风格，这是一种乐趣，Everlane 只是为人们提供了一种更聪明的购买选择。

Everlane 向消费者传达的信息是，到目前为止，在衣服上花费过高并不是你们的错，这是市场系统的低效率和欺骗性导致的。

通过消除这些低效率，并采用Everlane所称的"彻底透明"原则，该品牌可以提供同样高质量但成本要低得多的T恤。所以Everlane的消费者不需要为了得到更便宜的商品而牺牲质量。相反，他们获得了更多的价值，并与自己价值观相匹配的品牌结盟。人们不会觉得自己在买便宜的东西，不会觉得自己能买得起奢侈品却满足于接受低价格，Everlane让人们觉得自己很聪明。一旦消费价值的计算变得如此简单，你为什么还要支付溢价呢？它的消费者加入了一场旨在为时尚行业带来透明度的运动中，而透明正是这个行业极度缺乏的。在Everlane的世界里，每个人都确切地知道他们要支付多少溢价以及为什么要支付溢价，这就在企业和客户之间建立了统一标准。

自推出以来，Everlane的产品和公司都实现了令人难以置信的增长。它每走一步，都会给这个笼罩在神秘和诱惑之中的行业带来更大程度的开放，从而重新塑造时尚品牌与消费者之间的关系。这不仅包括对定价的诚实，还包括对其制造过程的公开。几十年来，时尚供应链一直令人非常不安，因为在公众话题转移到下一个话题之前，关于服装的恶劣生产条件的糟糕故事总会定期浮出水面。还有人记得2001年美国新闻聚合网站BuzzFeed的创始人乔纳·佩雷蒂（Jonah Peretti）引起的轰动吗？当时，他公布了与客服部门的全部电子邮件往来，试图让耐克定制（Nike iD[①]）在他的鞋子上绣"sweatshop"（血汗工厂[②]）的字眼。

[①] Nike iD是由耐克提供的一种定制服务，它可以让客户定制、设计自己的耐克产品。
[②] 讽刺耐克工厂里制造运动鞋的工人做着艰苦、危险的工作却拿着极其微薄的工资。

21世纪初，AA美国服饰（American Apparel）试图通过其"洛杉矶制造"和"没有血汗工厂"的定位来摆脱这一道德困境。但在品牌创始人兼首席执行官令人厌恶的辱骂行为被多次曝光，以及其开展了那些具有噱头但对女性极其不尊重的广告宣传活动后，该公司很难被视为正义的典范。这就是关键所在。如今，如果一个品牌在其业务的一个方面彰显正义，但在另一个方面忽视道德，那么它很可能会遇到麻烦。消费者正在努力选择与他们的价值观完全一致的品牌，因为他们希望自己购买的品牌能够支持他们为自己所维护的身份。他们比以往任何时候都更渴望购买能让他们感觉良好的品牌，这包括他们相信这些品牌不会有任何肮脏的秘密被揭露。

并不是每个人都在乎他们的衣服是在哪里生产的，而对此不感兴趣的人可能不是Everlane的消费者。但对于那些真正关心的人来说，Everlane已经建立了一个人们可以信任并与之结盟的品牌，将通常在幕后的事物带到了台前。2014年，它举办了第一次透明的城市之旅，邀请照片墙（Instagram）上有时尚影响力的人士参观其位于洛杉矶的工厂和染料厂。由于需求不断增长，该公司还推迟了牛仔布料的推出，直到它能够找到一家符合其可持续性标准的工厂，最终确定的越南工厂回收了98%用于牛仔布生产的水，并将剩余的污泥转化为砖，用于建造经济适用房。在牛仔裤发布前的几个月里，Everlane分享了工厂的照片和故事，有超过4万名购物者热切等待着产品的发布。在其电子商务网站上，Everlane为消费者提供了工厂的完整数字导航链接，购物者可以准确地探索他们所购买的产品是如何而来的。

Everlane 也在继续改变价格策略，避免采用传统的折扣驱动的销售方式，转而采取创造性的举措，向消费者传达善意。每年感恩节后的黑色星期五促销都会招致批评，因为它鼓励疯狂的消费主义，让大家在一个本应心怀感恩的节日前后疯狂消费。于是，Everlane 推出了黑色星期五基金，将当天收入的 35% 用于改善其丝绸厂工人的生活。这笔钱还被用于改建一个新的娱乐区，其中还包括一个篮球场。

2015 年，Everlane 推出了一年两次的"选择您愿支付的价格"活动，在每一季结束时通过该活动出售过剩库存。对每一件商品，都会向消费者提供低、中、高三种价格，并由消费者自己决定它值多少钱。Everlane 准确地透露了资金的去向，如最低的价格可能包括产品开发和运往仓库的费用，而更高的价格将支持 Everlane 团队的管理费用。与之形成对比的是，有媒体揭露奢侈品和快时尚品牌会销毁多余的库存，以防止它们以折扣价充斥市场。通过"选择您愿支付的价格"活动，Everlane 颠覆了整个市场营销的想法。Everlane 并没有在一个季节结束时大幅降价（无法解释为什么曾经售价 100 美元的东西现在变成了 75 美元），而是将知情权和控制权交到消费者手中，并围绕价值展开了一场新的对话。

当然，尽管这些举措值得称赞，但如果产品不能满足需求，单凭这些举措是不够的。Everlane 在款式方面也在不断扩展，虽然从T恤发展到现在已有很长一段时间了，但它始终坚持其核心理念。Everlane的"现代基础"系列在坚持经典、低调的设计理念下继续发展。该公司服装的别致极简主义与公司及其消费者的价值观是一致的：这不是一个在屋顶上用华丽的标志或颜色彰显自己名字的品牌。它再一次利用了消费者的自我意识，即人们更看重材质和质量，而不是形象和潮流。Everlane所有的新产品几乎一上市就销售一空，甚至出现大量预售的情况。这并不是因为Everlane的设计特别时髦，也不是因为一时热度，比如街头服装大甩卖或与引人注目的设计师合作。尽管该品牌已经扩展到更高价位的高端产品（如售价几百美元的手袋），但从未让你感觉价格虚高，它一直将实用与风格结合在一起。品牌的每一处细节都体现了它的质量与用心，也创造了Everlane顾客的自豪感——你是正在接受Everlane所传达的关于衣服应该如何制作以及你应该花多少钱的原则。Everlane是一个"徽章品牌"，但它代表的不仅仅是一枚徽章。

现在许多品牌也采取了和Everlane一样的做法，通过拉开帷幕，与观众进行更加坦诚的交流，从而获得了成功。在一个任何人都可以发微博，让所有人看到自己的观点与态度的时代，企业不能把品牌看成是隔在它们和世界之间的一堵墙，试图描绘出一个完美构建的形象。相反，品牌需要被视为一种交流工具，一种展示你的价值观的工具，这样消费者才能做出更明智、更有见地和更有目的性的选择。

为意图打造品牌

更有思想的时尚品牌的崛起标志着对更大规模的有意识消费运动的回应。人们在寻找能反映他们价值观的品牌,而品牌必须做出回应,不仅要明确自己的目标,还要明确自己如何在行动中实现目标。如果Everlane网站上没有一整块区域专供其工厂展示信息,它所传递的透明信息就不会那么有分量。光说不做已经没有用了,尤其是当消费者开始考虑什么东西值得拥有的时候。

另一个新锐职业女性时尚生活品牌是Cuyana,它通过颠覆传统的定位取得了成功。Cuyana创始人卡拉·加拉多(Karla Gallardo)和希尔帕·沙阿(Shilpa Shah)着手打造了一个激发"意向性购买"的品牌。与快时尚相反,Cuyana的口号是"更少、更好的东西"。虽然一个品牌告诉你少买点东西可能听起来不可思议或者说违背常理,但这深深地引起了人们的共鸣,他们希望在衣橱里装满自己真正引以为豪的东西,而不是等到下一波潮流时,才发现柜子里装满了垃圾。Cuyana有一个精益衣柜计划,你可以在结账时选择参加这个计划,然后会收到一个亚麻袋,里面可以装满你不再需要的东西。当你将其邮寄退回后,下一次购买时可以得到10%的折扣。该品牌还与收纳女王近藤麻理惠(Marie Kondo)合作,推出了一个旅行箱胶囊系列。在很短的时间内,Cuyana就成功塑造了知晓女性的新锐品牌形象,从皮具扩展到全系列服装,并于2019年年初从私募股权公司筹集了3000万美元。

在近藤麻理惠已经成为一个动词的时代，再加上消费者对快时尚造成的可怕浪费的新认知，Cuyana 完美地实现了人们对购买什么商品和支持什么样品牌的愿望。品牌需要通过证明他们和他们的顾客关心同样的事情来证明他们值得关注。

各方面都感觉很好

美容业一直在走一条与时尚业类似的道路。这两个类别在传统上都被刻意的神秘笼罩。虽然某些护肤品品牌会宣扬拥有某种"神奇成分"，声称这是一种半科学、半魔法的奇迹，能够让女性青春容颜永驻。但在大多数情况下，你根本不知道这种成分到底是什么。就像时尚一样诱惑着你，让你感觉是在购买一种秘密配方，它会在你睡觉的时候悄悄地发挥它的魔力，你醒来时就会眼前一亮。你不需要理解，也不用管真假——只需要它管用就行了。

和时装行业强调加工过程透明一样，清洁美容行业也开启了一场新的对话，将成分表放在明显的位置，再次将更多的信息和权力交到消费者手中。像美国健康美妆新锐品牌 Beautycounter 和有机护肤品牌 Tata Harper 这样的品牌，以及天然美容护肤品牌连锁店 Follain 和美妆护肤集合店 Credo 这样的零售商，都坚定地认为消费者永远不应该为了美丽而牺牲自己的安全。他们强调了一长串被认为危险和有毒的成分（其中大多数在欧盟已经被禁止），并发誓只制造和销售不含这些成分的产品。Beautycounter 将这份清单称为"永不清单"，其中包括 1500 多种化妆品中常见的成分。该品牌创始人格雷格·伦弗鲁（Gregg Renfrew）花时间游说政府加强对美容行业的监管，该公司是共益企业（B Corp）认证公司，与健康儿童健康世界（Healthy Child Healthy World）和美国环境工作小组（Environmental Working Group）等非营利组织合作。

但关键在于，这些新锐美妆品牌深刻懂得：仅有安全是不够的。消费者对使用在她们身体和皮肤上的产品成分越来越敏感，她们对自己选择的品牌要求越来越高。但她们不只是想在理性上感觉良好，她们也想在情感上感觉良好。美容业是一个价值数十亿美元的产业，这是有原因的。首先，许多人相信这些产品的力量：好的护肤品会让她们的皮肤看起来和感觉更好，奢侈的化妆品会更平滑和持久。此外，就像时尚一样，这是一个大多通过情感驱动和想象构建的品类。所以人们愿意在这些产品上花钱很大程度上是因为这些产品能够增强她们的自信心，或者是被漂亮的包装吸引，并不是每个人都想在健康食品店买保湿霜或在家自制面膜。如果美容护肤产品的广告宣传活动忽视了美的乐趣、放纵、甜美、奢华、性感的一面，或者忽视了功效，那么它就不会对顾客产生足够的吸引力。

透明度、性能和情感提升需要共同作用，才能创造出一个人们认同的品牌。因为人们会对这样的品牌产品中的成分感觉良好，在购买它们时感觉更明智，所以更有把握地认为它们会起作用，最终对自己更好。因为她们选择了一种实际上对自己有好处的自我护理形式，而不是为了外貌而潜在地伤害自己的身体，所以她们不会把美容视为一种轻浮甚至可耻的放纵。相反，她们可以自豪地认为，她们正在用干净、健康、有效的产品来对待自己。这种自豪可以通过"自拍照"完美地表达出来，这是一张发布在网上的浴室架子的照片，其中包括一系列精心挑选的风格与质感相结合美容产品。

我们与清洁护肤领域的领军企业 Ursa Major 合作，帮助该公司发展自己的品牌，并因其独特之处而赢得赞誉。虽然我们经常与许多客户合作后再发布其品牌，但我们也努力发展现有品牌。这并不是说你应该先推出一个版本的品牌，然后再进行修改：重新塑造品牌可能会耗费大量时间和成本。但是，当品牌标识（Logo、信息、网站、包装）不能准确反映品牌所代表的意义，而且企业没有为下一阶段的增长做好准备时，改变就变得必要了。类似的情况也出现在第 1 章爱彼迎的例子中。当我们努力发展一个现有品牌时，我们很少重新创造它存在的理由。相反，这些品牌通常走在时代的前面，它们为一系列新的成功企业铺平了道路，后来却发现自己被新进入这一领域的品牌超越了。新的竞争对手在提供产品方面几乎没有优势，但在讲故事方面做得更好，很大程度上是因为他们能够从之前的品牌中学习并建立了自己的品牌。

2011 年推出的 Ursa Major 是首批高档、高效的清洁护肤品牌之一。它的中性产品吸引了很多消费者，尤其是除臭剂，对许多消费者来说，这是进入清洁产品的"门户"。然而，自从 Ursa Major 推出市场以来，清洁护肤品的种类迅速扩大，"天然加有效"逐渐成为规范。我们和 Ursa Major 的合作，绝不是重做，因为很多原来的工作都在起作用。相反，我们通过语言和设计更好地阐述其品牌的价值以及重新构想电子商务体验，来帮助提高故事的质量。

  Ursa Major 是利用人们的自我意识打造品牌的完美例子，因为创始人、品牌和消费者的身份和价值观几乎是无法区分的。它的创始人艾米丽·道尔（Emily Doyle）和奥利弗·斯威特曼（Oliver Sweatman）是一对夫妻，他们为自己创造了想要的产品，并在这样做的过程中吸引了许多志同道合的人。奥利弗和艾米丽放弃了在纽约的高薪工作，搬到了佛蒙特州，以便更接近自然，过上更健康、更融合的生活。正如奥利弗所说："我们离开了这座城市，一个我们热爱的地方，去追求完全不同的、更符合我们需求的东西。我们搬到佛蒙特州的背景故事很重要——我们渴望追随真正的北方，这让我们有了 Ursa Major（大熊星座，包含北极星的著名星座）的名字。"他把品牌和消费者之间的共同价值描述为"走出去，享受户外和环境"。他说："这不是另一个试图让你购买尽可能多的产品的个人护理品牌。我们想给你很棒的必需品，并激励你过上自己的生活。"

  在了解到许多个人护理产品中都存在毒素后，奥利弗和艾米丽开始创造一系列可持续制造的天然产品，这些产品不仅有效，而且使用起来感觉很棒。在许多方面，他们所创造的理念与行业其他公司形成了鲜明的对比。他们想成为那些包装成本高于内部产品成本的品牌的反例，并有意识地降低利润率，以提供更多的价值。中性也是该品牌及其产品的一个重要特征，这在一个通常将男女区分开来的领域中很少见,就像七年级舞会①开始时那样。奥利弗和艾米丽花了数年的时间研发他们的配方,直到他们都同样喜欢一款产品,这种不分性别的护肤方式有助于塑造该品牌直率、简单的个性。他们的每一个选择都是有意抵制护肤品品牌的过度和放纵。

在描述他们的理念时,艾米丽解释道:"我们从头到脚有一套联系非常紧密的必需品。我们已经经营了一段时间了,但我们只有15个SKU(库存管理单位)。我们从来没有推出过任何我们觉得一般的产品。我们不是给人们太多的选择,而是让人们觉得自己需要所有的选择。"换句话说,虽然每一个Ursa Major产品的设计都是为了提供令人惊叹的体验,但这不是一个需要花费数小时和好几个货架来专门用于自我护理的品牌。他们的故事并不是让你接受一种复杂的美容"惯例",而是让你洗脸后走出浴室,进入这个世界。

我们与奥利弗和艾米丽密切合作以表达品牌的特定观点,帮助其推动核心观点,同时保留已经运作良好的东西。最后,我们达成了"低维护、高影响"的想法,这是对产品本身和使用它们的人的完美描述。Ursa Major的目标受众是重视正念和平衡的人,他们对奢侈的理解是放下,享受自然,而不是物质主义。奥利弗详细地描述了他们的"部落",生动地描绘了一幅"日常探险家"的画面。他说:"这不是传统意义上的探险,不是一个人站在冰

---

① 美国七年级相当于中国初中一年级。七年级舞会的典型场面就是男生扎男生的堆,女生扎女生的堆。——译者注

山上戴着劳力士手表进行极地探险。它是关于内在和外在的探索，任何人都可以在任何特定时间进行。他们有冒险精神，他们积极地解决整体健康问题。值得骄傲的是，它们的维护费用很低。"Ursa Major 并不适合所有人，但它也不在乎。通过阐明它的价值观——自然、正念、活力生活——它吸引那些拥有这些价值观的人，而不担心其他的。

事实上，艾米丽和奥利弗不但能够详尽地描述他们的目标受众，也十分清楚他们的产品不是为谁设计的。艾米丽说："我们面向的是更注重"美"的消费者，是那些花大量时间在浴室里仪式感满满地完成护肤步骤、敷面膜的人。美容是她们一天中的一个重要组成部分，这是她们进行个人护理的时间。而为自己腾出这段时间做其他事情的人有很多，但那都不是我们的客户。"

在竞争十分激烈的美容产品领域，Ursa Major 通过开辟一个既关乎消费者身份又关乎产品的空间，使自己脱颖而出。我们将品牌定位为"优质，而非珍贵"，直接面向那些追求高品质必需品而非时尚或噱头的消费者。这是一种务实又不失高贵的定位，与那些感觉过于朴实和自制的老派天然品牌以及那些对 Ursa Major 的目标用户来说过于昂贵和夸张的新锐品牌形成鲜明对比。

在"自然"和"溢价"之间取得平衡是一个有趣的挑战，因为这两个概念通常不会共存。我们在佛蒙特州拍了一组照片来观察这个品牌和它的观众对自然的热爱。我们知道我们可能会让那些认为这个品牌太过户外和不够奢华的人反感。事实上，作为品牌故事的一部分，我们的团队花了很多时间询问奥利弗和艾米丽对自然的承诺；我们曾担心，居住在城市的消费者可能对此不感兴趣，但他们坚持自己的立场是正确的。奥利弗和我回顾了这些对话，他解释道："很多人质疑这一点，但这是 Ursa Major 的圣地。我们永远不会把照片墙上的图片换成城市的图片，因为我们选择户外图片有自己的考量。我们认为的户外活动就是在户外享受美好时光——可以是在纽约的西区高速公路上沿河而下，也可以是周末出游，或者是两周的徒步旅行。"

他把 Ursa Major 看成是一股清新的空气，是化解大城市妆扮繁复的解药，这与我们所说的"令人振奋"的情感价值联系在一起。该品牌并没有尝试面面俱到："我们的目标不是成为每个人的首选。我们不需要 1000 万客户来成就一个了不起的企业。我们需要的仅仅是认同我们价值观的人。只要我们能吸引这些人，我们就不会在乎其他人。"

Ursa Major 对佛蒙特州这组照片的解释并不是一种态度对另一种态度的价值判断。我们曾合作过另一个护肤品牌，"我遇见你"（Then I Met You），其品牌理念和目标人群与 Ursa Major 非常不同，因此在这个品类中也有了自己独特的空间。这个品牌由广受欢迎的韩国美容网站 Soko Glam 的创始人夏洛特·赵（Charlotte Cho）创立，其定位植根于韩国"jeong"的概念，即花时间建立更深入、更有意义的联系。"我遇见你"，采用了"双重清洁"，这是韩国美容十步法中的一个主要步骤，即先用油性洁面乳洗脸，然后用水基洁面乳清洁。该品牌提倡把时间花在自己身上，远离干扰，投入额外的努力来产生有意义的结果。正如网站上所说："在那时我遇见了你，我们相信现在——在这个注意力稀缺的时代——是时候深入研究了。我们相信，只要在正确的地方多努力一点，就能在生活中激发出有意义的、变革性的时刻，并与最重要的人、地方和事物建立持久的联系。"采用双重清洁的人与那些想要清爽洗面奶的人是不同的人。这不仅仅是关于他们的护肤习惯。那些爱上 Ursa Major 或"我遇见你"的人之所以这么做，是因为他们在这个品牌中看到了自己：它的方式与他们的个人护理和健康生活方式相匹配。

你的产品必须是有价值的

Ursa Major 和"我遇见你"的共同点是：它们的产品在很大程度上贯彻了自己的理念。寻求根植于共同价值观的联系的风险在于品牌必须兑现承诺，否则就会被消费者抨击。当一个品牌宣称代表某种品类的那一刻，就会有一大群评论者等着抓住一丝虚伪或不一致的蛛丝马迹。这是件好事，因为它迫使品牌承担责任，防止品牌口惠而实不至地追求它们的理想。当欧布斯首次推向市场时，它非常谨慎地将其可持续发展使命描述为一段旅程，因为它知道还需要几年的创新才能实现每只鞋的每一部分都使用可再生材料制造。

事实上，我们的一个客户重新设计了整个产品，以更好地体现品牌和消费者的价值。我们于 2015 年首次与约会应用 Hinge 合作。当时，约会 App 的热潮正如火如荼。Tinder 于 2012 年推出，它的滑动功能彻底改变了数字约会的世界。在 Tinder 出现之前，像全球最大的婚恋交友网站 Match 和免费约会社交网站 OkCupid 等网站要求它们的用户填写和整理个人资料，了解潜在约会对象的兴趣和爱好，并试图在联系对方之前尽量表现得诙谐风趣。而 Tinder 的出现颠覆了这一切，它提出了大胆的观点，那就是人们只关心照片，并利用滑动技术创造了一种体验，你只需要在某人的照片上向左或向右滑动，就可以表明你对他或她是否感兴趣。在 Tinder 之后不久，Hinge 也推出了类似的功能，主要区别在于：你是通过脸书（Facebook）注册的，这样你就可以与朋友的朋友进行联系。他们的想法是，在这种经过审查的社群更容易找到你想在现实生活中遇到的人，比如在朋友的派对或婚礼上。你得以认识一些离你认识的人只有一步之遥的人，而不是基于距离而联系的人，因此他们是你扩展交际圈子的一部分。

在刚推出时，Tinder 和 Hinge 还是竞争对手，现在 Match、OkCupid、Tinder 和 Hinge 都已归 Match 集团所有。我们开始与 Hinge 合作，目标是在推出一系列新功能的同时发展品牌。Hinge 计划扩展其功能，不仅基于共同的熟人，还基于兴趣将人们联系起来。因此，如果你喜欢独立电影或烹饪，你就有机会遇到同样拥有这些爱好的人。我们创建了一种策略，通过发现你与人们的共同之处来建立真正的联系，我们几乎完成了品牌标识的建立，其中包括一个新的标志，在这个标志中，H 的中间条可以用代表共同兴趣的图标来交换。画两条平行线，由玉米饼、相机、书等连接起来，形成 Hinge 的 H。我们觉得它简单又巧妙，直接传达了 Hinge 认为的未来差异化的新特征。我们怀着好心情去度圣诞假期，然后在一月份回来……什么都没有。Hinge 团队没有任何关于最终反馈或下一步的消息。我告诉你，当你在客户服务部门工作时，没有消息时很少是好消息。不过，在这种情况下，我们没有预料到接下来会发生什么。

事实上，Hinge 在一月初与一个团队讨论了新的品牌战略和标识。它的创始人贾斯汀·麦克劳德（Justin McLeod）和团队的其他成员得出结论，尽管他们认同新锐品牌的愿景，但他们的产品并不尽如人意。当主要功能仍然是在人脸照片上滑动时，它怎么可能成为想要找到更多真实联系人的品牌呢？这个感觉不对劲，他们正在计划的改变感觉是渐进的，而不是实质性的。2016 年年初，贾斯汀做出了大胆的决定，重新想象并从头开始重建 Hinge，这也意味着品牌的重塑。他们的团队开始致力于一个新的产品愿景——他们将不再使用滑动功能，而是将体验定位在完整的个人资料上，而不仅仅是照片。用户每天只会看到一定数量的潜在联系人，以阻止无休止的、盲目的滑动，并通过评论另一个人的部分个人资料来表示对他或她的兴趣，鼓励更有意义的互动。在 Hinge 团队开发产品的过程中，我们修订了品牌战略，专门针对那些寻求恋爱关系的人，并将 Hinge 重新定位为一种更人性化的约会体验，以满足那些想要真实体验的人的需求。Hinge 想要明确的是，它是为特定类型的人准备的——那些正在寻找真实体验的人。从那时起，我们重新创建了一个标志，在这个新标志中，H 和 i 连接在一起，标志着一段关系之旅的开始，同时也形成了一个微妙、非常人性化、自然的问候——"嗨"（Hi）。新版 Hinge 于 2016 年夏天推出，自我定位为"恋爱 App"。

Match Group 于 2018 年春收购了 Hinge 的多数股权，并于次年完成了收购。把 Hinge 和 Tinder 放在一起似乎有些奇怪，但一旦它们成为兄弟而不是竞争对手，它们就能更清楚地了解自己是为谁服务的，以及各自代表着什么。Tinder 的第一个主要品牌宣传活动由著名广告公司 Wieden+Kennedy 发起，宣称"脱单是一件可怕的事情"。该活动欣然接受单身的乐趣，直截了当地与那些不一定想安定下来的年轻人对话。虽然典型的约会品牌宣传都是关于寻找那个特别的人，但 Tinder 的活动通过强调单身的好处以及自由和独立的价值，以一种全新的、令人耳目一新的方式承认了它的受众和他们的优先事项。与此同时，我们为 Hinge 创建了一个宣传活动，宣传口号是"旨在被删除"，即 Hinge 的存在是为了帮助你认识某人，所以你可以退出 Hinge（至少有一段时间）。这项活动清楚地表明，Hinge 是为那些想要建立人际关系的人准备的，而仅仅是为那些想在约会 App 上玩个没完没了的人存在。在这个活动中，我们创造了一个模糊的角色——辛吉（Hingie），她象征着 Hinge。每当一对情侣在一起时，辛吉就会以一系列不同的、有创意的方式一次又一次地死去。例如，在一个广告中，背景是一对夫妇依偎在一个帐篷里，而前景是辛吉在篝火中被烤着（在这场活动中没有真正的辛吉受到伤害）。该活动的主旨是"Hinge 希望你找到真爱。即使他（她）要了我的命"。有些人会在 Tinder 的活动中看到自己——你是一个希望充分利用单身时光的人。有些人会选择 Hinge——你是一个希望建立有意义和持久关系的人,并摆脱约会 App。每个活动都向其特定的群体发出信号,表明这个品牌是为他们准备的。

同属一个俱乐部

对于约会 App 来说,如此清晰地宣传它们为谁服务尤其有帮助,因为这意味着当人们使用这款 App 时,他们更有可能遇到志同道合的人,他们对约会持相同的态度,也在寻找同样的兴趣与爱好。但即使在约会领域之外,品牌塑造在与人们的自我意识对话时也是最有效的。它创造了一种归属感,不仅在品牌和消费者之间,而且在每个热爱品牌的人之间。如今,当人们选择一个品牌时,他们是在表达自己的价值观,并通过这样的方式与其他拥有同样价值观的人建立了联系。当看到有人穿着 Aviator Nation 运动衫(这是我最喜欢的威尼斯海滩① 运动衫品牌)时,我会自然而然地感觉与他们亲近,就像我们是同一个俱乐部的一员。我得忍住不向他们点头(感觉他们已经是我的好朋友了),因为那样会很奇怪。斯巴鲁 WRX② 的车主之间确实会相互挥手(就像同坐一艘

---

① 威尼斯海滩(Venice Beach)是洛杉矶三大知名海滩之一,威尼斯应属其中颇具多元化色彩和现代风貌的海滩胜地。每到夏季,"美洲威尼斯"的人气就突然旺盛起来,诗人、画家、嬉皮士和观光客,身手矫捷的轮滑好手,青春朝气的自行车骑士,形形色色的街头艺人……随处可见。在这里,海滩美景和各种街头表演混合在一起,让人回味无穷。——译者注

② 斯巴鲁 WRX 是在 2013 年 11 月份于洛杉矶车展上正式发布的量产版车型,这款高性能轿车可谓是万众瞩目。至今世界各地仍有许多喜欢玩高性能或者是热衷于改装的车迷痴迷于 WRX 的魅力。——译者注

游轮的人一样！）。当一个品牌成功地利用人们的身份时，它就开展了一场超越品牌的运动。此时，品牌开始起到结缔组织的作用，开始成为一个真实世界的标签，在不同的群体中传递着一套共同的价值观：我看到你穿着和我一样的运动衫，我在你身上看到了我自己的影子。当人们选择喜欢哪个品牌时，他们就是在选择他们想要向世界传达的自己的哪一部分。

> **记住：**这不仅仅是关于你希望品牌如何被看到的问题，这还是关于将品牌与人们如何看待自己联系起来的问题。

4
创建连接

从2015年开始，似乎是在一夜之间，一种奇怪的现象席卷了我们每一个客户的办公室。纽约市每一家创业公司的冰箱，包括我们的冰箱，突然都塞满了LaCroix（一款风味气泡水）。据我所知，这不是团购。我不认为所有的办公室经理都参加了电话会议，决定集体订购这个老式口味的苏打水，或者LaCroix的销售团队在夜幕的掩护下潜入大楼，重新补充了所有厨房的库存。然而，它就在那里，无所不在。而且，这种人气的飙升并不是纽约初创企业独有的。人们开始发布对口味进行排名的名单，到处都是同事在激烈争论椰子味是好喝还是令人恶心，或者两者兼而有之！这样一个有几十年历史的品牌突然引发了大众的执迷。

很多文章都在探讨它为何如此受欢迎——从改变健康趋势和饮食习惯（比如Whole30饮食法①），到有影响力的博主，再到它

---

① 2009年由一对营养师夫妻Dallas及Melissa Hartwig发起。Whole30顾名思义是一项为期30天的饮食计划，在此期间不得食用奶类、谷类、豆类、酒精、糖或任何加工食品，旨在让饮食更健康，同时达到减重目的。不过这项计划其实并非所有营养师都认同，若站在健康的立场看，他们认为拿掉全谷物及豆类并不合理，但这并不妨碍Whole30在网络上走红。——译者注

的口味策略——我们没必要深究这个问题。对于 LaCroix 现象,我感兴趣的是它揭示了品牌在创造集体身份中所扮演的角色。21 世纪初,我的广告公司的每张桌子上都放着一瓶健怡可乐,会议室里满是罐装苏打水。如今,随着许多人开始拒绝假甜味剂和未知成分,我再也没有在办公室里看到过健怡可乐。并不是我们团队所有人都不喜欢喝它,但如果被人看到带着一瓶健怡可乐,那感觉就像抽烟被抓现行一样,听起来很极端(不过我得承认我仍然喜欢在家里喝健怡可乐)。一个品牌在一群人中无所不在,这不仅仅是共同的品位,更是共同的价值观。对品牌的共同选择将一群人团结在他们所关心的东西周围,它建立了一种社群意识。

社群的真正含义

有效的品牌塑造方式就是建立联系。通过消费者对自己的认同感,品牌与它们的受众建立了联系。人们对喜欢的品牌有一种亲和力,这种亲和力超越了他们与产品本身的关系。这不仅关乎一款产品提供了什么功能,更在于品牌让人们感知自己的方式。但事情并未止步于此,真正获得"崇拜"地位的品牌不仅与它们的消费者建立了一种连接感,在消费者之间也是如此。热爱这个品牌的人会形成一种同事情谊,即使他们实际上从未真正互动过。如果一个品牌表达了他们的身份和价值观,人们就会感觉到与同样具有这些价值观的其他人存在联系。这就是有明确目标感的企业能够以其他类似企业无法做到的方式建立社群的原因。

问：这是否意味着我应该将营销工作的重点放在让人们喜欢我的脸书页面上？

如今，许多品牌都在谈论建立社群的愿望，但人们通常并不清楚这意味着什么。当我们遇到一个重视社群的新企业时，我们敦促其思考如何规划这个社群的生活。就与现实一样，"社群"已经成为一个流行语，以至于每个品牌都认为它们需要社群，即使不知道应该如何定义它。社交媒体的兴起是为社群带来关注的关键驱动力。在社交媒体时代，品牌有可能以前所未有的方式与消费者进行真正的"对话"。这增加了品牌的运营压力，却获得了以新方式联系消费者的机会。从理论上讲，消费者之间也可以进行互动，但现实是，在大多数情况下，消费者不会花时间在品牌的脸书页面上相互交谈。这应该是我们的目标吗？你上一次在某个品牌的脸书页面上和陌生人聊天是什么时候？当社交媒体上的帖子产生大量活跃度时，这很好地体现出了消费者的热情，但脸书或照片墙上的点赞和评论不应该等同于"社群"，这只代表这个术语狭隘的、字面上的应用。事实上，那些只想在评论区建立社群的品牌并没有抓住要点。拥有顶级社群的品牌不一定是那些脸书页面粉丝活跃度最高的品牌。人们不需要通过数字互动，甚至不需要身体上的互动，就能感觉到自己是某件事的一部分。当品牌能够从一开始就围绕共同的价值观创造连接时，社群就会形成。

成功建立社群的品牌是人们共同执迷的品牌，这种共同的执迷在陌生人之间创造了一种不可见但可感知的纽带。然后，社群意识进一步增强了人们对品牌的亲和力，创造了一个良性循环，增强了团队之间的忠诚度。品牌利用集体的力量来吸引追随者，你可能会惊讶地发现，即使是那些本身具有铁粉基础的类别也是如此。围绕 CrossFit（美国一家健身公司）这样的品牌形成的社群正是如此，在那里，人们会定期与一群志同道合的人互动。但也有其他类别的品牌成功地创建了远远超出预期的共享连接。以沙拉为基础的连锁餐厅 Sweetgreen 就是一个完美的例子，它建立了一个社群，并创造了一种不可思议的现象。

集体的连接

当 Sweetgreen 在 2007 年推出时，沙拉并不是一个创新。你当时可以，而且现在仍然可以在美国任何城市的任何一家熟食店自制沙拉。Chopt 是一家沙拉连锁店，从表面上看，它的概念与 Sweetgreen 非常相似，自 2001 年以来便一直存在。如果说有什么不同的话，那就是工作日午餐沙拉已经成为一个文化笑话，比如"女人拿着沙拉独自发笑"[博主伊迪丝·齐默尔曼（Edith Zimmerman）收集的一组照片就是这样描述的]，以及"悲伤的办公桌沙拉"（sad desk salad，听起来像什么？）等表情包已经流行起来。Sweetgreen 不仅逃脱了这种嘲笑，还创造了一个人们为之骄傲的世界。如果说其他的沙拉是"悲伤的办公桌沙拉"，那么

Sweetgreen就是工作日里的一个休闲场所。在我们团队的Slack①渠道活动中，有很大一部分都是围绕着谁去Sweetgreen取单而进行的，我相信还有很多人也是如此。很难想象还有哪家午餐连锁店能激发出这么大的热情，这是因为从一开始Sweetgreen就代表着更伟大的东西。

Sweetgreen最初只有一家店，由三名乔治敦大学（Georgetown University）毕业生乔纳森·内曼（Jonathan Neman）、纳撒尼尔·鲁（Nathaniel Ru）和尼古拉斯·贾米特（Nicolas Jammet）在华盛顿特区的乔治敦社区开设。从一开始，三位创始人就致力于打造一个品牌，远不止为了那点儿生菜。从功能上讲，他们着手解决一个相当明显的问题：缺乏兼具健康、美味和方便的食物。从休闲快餐店到包装商品，许多品牌都开始着手解决这个问题。但Sweetgreen采取了一种超越食品功能性的方式来提升品牌，那就是食材新鲜、食谱别出心裁和调料美味可口，如果没有这些，Sweetgreen就不会成功。然而，该品牌并没有止步于此。创始人开始改变人们与食物的关系，致力于打造"更健康的社群"。Sweetgreen对社群的定义是广泛的，它包括作为原料来源的农场、开店的社区、公司的员工，当然还有顾客，以品牌为中心创造了一个积极的生态系统。它的使命贯穿于整个体验，定义了店内体验、数字体验和品牌的所有活动。

---

① Slack是一个适用于业务沟通的消息发送应用程序，它将人们与他们需要的信息联系起来。Slack将人员集中到统一的团队中，改变了组织的沟通方式。

具有讽刺意味的是，大多数 Sweetgreen 连锁店常被视为社区的敌人，它们进入社区，取代了本地企业。在这里我们不讨论这些，也不讨论如果没有 Sweetgreen，城市会变得更糟还是更好。当然，有人可能会说，Sweetgreen 的客户群代表着阶层和体验的同质化。但无可争议的是，Sweetgreen 聪明地做出了深思熟虑的选择，避免了让消费者产生那种身处赛百味、麦当劳甚至星巴克连锁店的感觉。当 Sweetgreen 开设新门店时，它会寻找独特的空间，努力保护建筑的自然结构，融入一个社区，而不是入侵它。正如 Sweetgreen 网站上所说："我们的客人不会去 Sweetgreen，他们会去自己的 Sweetgreen。"在这些空间里，Sweetgreen 展示了当地艺术家的作品，进一步重现了一种特定和本地化的感觉。

Sweetgreen 在对待食物的方式上也不同于大多数其他地方的餐厅，它不仅关注风味与健康，更关注它的食物如何与共同的价值观联系在一起。它创造了一个透明的供应链，与当地农场合作，发扬 Sweetgreen 可持续发展和动物福利的精神。在每一家 Sweetgreen 门店，都列出了餐厅里食材的来源，在品牌、顾客和他们的食物来源之间建立了明确的联系。这在消费者和供应他们所享用的食物的农民之间创造了一种新的连接感，这在如今的工业化农业生产时代是严重缺失的。虽然你可能会期望在一家从农场到餐桌的高端餐厅看到一份食材来源清单，但实际上，日常生活中人们几乎无法得知他们的食物是在哪里种植的、是如何种植的，以及是否符合他们的价值观。通过列出食材来源，Sweetgreen 在每次顾客购买沙拉时都会邀请他们去当地农场体验，从而增强了社群的感受。

该品牌还与著名厨师丹·巴伯（Dan Barber）合作，丹·巴伯以其目标驱动的食品和农业创新方法而闻名。2015年，他们致力于创造蓝山沙拉，其中加入了被弃而不用的食材根茎部位，如羽衣甘蓝茎。2018年，Sweetgreen的菜单以名为Robin's Koginut的专有南瓜品种为特色，它是与巴伯的新育种公司Row 7合作培育出来的。巴伯和Sweetgreen共同肩负着减少食物浪费的使命，Sweetgreen一直围绕农民种植的作物来设计菜单，而不是要求特定的作物。它的食材每日送达，食物在开放式厨房里就地处理，十分新鲜，让所有人都能看到。

该公司还做出了一个微小但有效的决定，让一名员工为顾客制作整份沙拉，而不是像组装流水线一样准备食物。虽然这似乎不是什么大问题，但它让消费者对食物制作过程有了一种亲切感，而不仅仅是一个自动化的过程。每一种行为都体现了一种共同的责任感：对我们的星球、我们的健康以及对人类的责任感。人们都是相互联系的，我们对就餐地点的选择会影响地球，我们应该关注到种植和准备食物的人，这种理念和做法营造了一种亲切的归属感，而品牌是其核心。

Sweetgreen对社区的关注驱使该品牌扩展到沙拉连锁店无法想象的领域。例如，2011年，它在马里兰州能容纳1.7万人的梅里韦瑟邮报馆（Merriweather Post Pavilion）举办了一场名为"甜蜜生活"（Sweetlife）的音乐节。从一开始，音乐就是这个品牌DNA

的一部分。早期，两位创始人在杜邦圈①（Dupont Circle）的门店外设立了一个 DJ 台，以吸引客流。他们还在门店停车场举办了几场现场音乐活动，火爆的表演推动了销售，更重要的是带来了人气。推出"甜蜜生活"感觉是自然而然的，但活动的规模之大令人印象深刻。以 The Strokes②为首的第一届活动还邀请了包括 Girl Talk 和说唱歌手特奥菲卢斯·伦敦（Theophilus London）等在内的明星，该活动由 Applegate Farm 和 Honest Tea 等志同道合的品牌赞助。Sweetgreen 还说服场馆的餐饮服务公司提供比一般演唱会的快餐更健康的沙拉。这个节日每年都会持续几天，吸引了像纽约三人组乐团 Yeah Yeah Yeahs、拉娜·德雷（Lana Del Rey）和肯德里克·拉马尔（Kendrick Lamar）这样的大牌艺人，他们甚至和肯德里克·拉马尔共同制作了节日限定菜单项目"Beets Don't Kale My Vibe"（节奏别破坏气氛）③。最终，创始人认为回归规模更小、更亲密的活动策略更有意义，但"甜蜜生活"的运营为该品牌致力于社群建设提供了一个很好的例子。很难想象还有哪一家连锁餐厅能够举办如此规模的活动，而不让人感觉它是一家公司。Sweetgreen 在艺术家和观众中都有足够的信任度，能够成功举办一场高水平的音乐节，这是因为它始终致力于将人们聚集在一起，

---

① 杜邦圈始建于 1871 年，当时叫 Pacific Circle，1882 年美国国会批准将海军杜邦少将（Samuel Francis DuPont）的青铜像矗立在圆圈中心，因此改为现名。1921 年，该青铜像被象征着海洋、星辰、风的白色大理石喷泉替代，一直延续到今天。这里充满了时尚和活力，到处散发着浓郁的都市气息，拥有很多具有世界各地特色的餐馆、商店、艺术品店、画廊和专业书店，天气暖和的时候，极受当地人的欢迎。——译者注

② The Strokes 是当代美国最出色的独立摇滚乐队之一。——译者注

③ 肯德里克·拉马尔有一首歌叫 *Bitch*，*Don't Kill My Vibe*。菜名通过食物谐音化用了该歌名，提醒读者此处为一语双关，菜单地巧妙将食物和音乐联系起来了。——译者注

这一承诺从一开始就根植于它的DNA中。这是一项大胆的举措，使该品牌有别于同类产品，并巩固了其市场地位，对消费者的意义远远超出了一个吃午饭的地方。

不仅仅是引人注目的音乐节，Sweetgreen的价值观更体现在它的日常行为中。该品牌以其慷慨的客户服务政策而闻名，对投诉反应迅速，通常在下次购买时提供全额减免，不带附加条件。它的忠诚计划还包括为消费达到最高级别（Black）的顾客提供专属的客户服务电子邮件，这需要每年消费2500美元才能享有。虽然这看起来是一个不小的数额，因为每份沙拉大约13美元，但有足够多每天都吃Sweetgreen的人符合条件。达到Black级别的顾客还可以在Sweetgreen的任意门店为10个朋友举办活动，此外还可以获得免费赠品。正如Sweetgreen在其网站上解释的那样："在这一点上，你基本上是我们的家人。我们知道你的名字和爱吃的沙拉，甚至可能见过你的父母。"很多商家都有忠诚计划，但Sweetgreen的奖励方法很有创意（仅限受邀才能参加的活动，10人的沙拉派对，你的一部分消费额将捐赠给Sweetgreen的慈善机构），有助于重申友情和共同目标。你得到的不仅仅是免费的沙拉，还可以参与Sweetgreen的世界。

当然，如果Sweetgreen公司所做的只是向富有的专业人士出售昂贵的沙拉，那么它"建立更健康的社群"的使命可能会有不诚实的风险。但它的承诺通过其社会公益倡议得到了进一步证明，首先是2010年启动的Sweetgreen in School项目，该项目为美国东北地区的学生提供有关健康与可持续发展的课程和研讨会。2019

年，Sweetgreen与全国性的非营利组织FoodCorps合作，支持其重塑学校自助餐厅计划。该项目的目标是通过为孩子们提供更好的机会，以及与他们互动并改善其饮食，将他们与更健康的食物选择联系起来。Sweetgreen的社交项目与它的整体使命完美地结合在一起，所以它们不会让人感觉像是事后诸葛亮，而是品牌的自然延伸。这一切都联系在一起：该品牌有益于人类的食品生产方法，与向年轻人传授更好的食品选择的承诺相联系。Sweetgreen并不只是口头上支持回馈社会，而是让社群的概念变得更有深度了。就像一个品牌的宗旨一样，社群不可能凭空创造出来，也不可能通过巧妙的社交媒体手段创造出来。当一个品牌坚持一套明确的价值观时，最成功的社群就会有机地发展起来，那些购买产品并相信品牌精神的人之间就会形成一种自然的联系。

为事业走得更远

几十年来，品牌营销人员得到的数据显示，如果公司能够以某种方式回馈社会或与慈善事业有关，那么很大一部分人更有可能购买其产品。"公益营销"早在20世纪70年代就出现了，其典型形式是将企业收益的一部分捐赠给慈善事业。公益营销的旺季是10月，也就是乳腺癌宣传月，无数品牌这时会销售粉红色版本的产品，并将部分收益捐赠给乳腺癌研究机构。如果仔细阅读细则，你会发现这些捐赠通常都有一个具体的数额限制，但即使有上限，也很难批评一家试图回馈社会的企业。

问：如果想建立一个回馈社会的品牌，是否应该选择一个自己关心的事业并为之捐款？

对一家公司来说，无论捐多少钱给慈善机构都比什么都不捐要好。然而，从品牌建设甚至事业建设的角度来看，"捐赠收益的百分之几"的模式可能会让人感觉有点敷衍。很多时候，被选中的非营利组织与产品本身几乎没有什么关联，品牌也很少能够引导消费者了解原因或激励他们进一步参与。一种愤世嫉俗的观点是，这些品牌在做最低限度的工作：最低限度的捐款和最低限度的努力。这种做法往往让人感觉未经深思熟虑，甚至有时还会让人感觉画蛇添足，并不是品牌的目的和故事的固有内容。因此，它们在建立社群方面作用不大。

如今，现代品牌正在寻找更有创意的方式，让自己与感觉更融合、更有目的性的事业结合起来，如 Sweetgreen 与 FoodCorps 的合作。汤姆布鞋无疑是这波新的回馈浪潮的发起者之一，在这波回馈浪潮中，社会责任不是品牌故事的附属品，而是内置于品牌身份本身。汤姆布鞋由布莱克·麦考斯基（Blake Mycoskie）于 2006 年创立，开创了如今无处不在的"你买我捐"模式：汤姆布鞋每销售一双鞋子，都会为发展中国家的儿童提供一双免费的鞋子。汤姆布鞋模式的卓越之处在于它的简单性，使得它是有形可触的。汤姆布鞋本可以采取捐赠部分收益给扶贫机构的方式，但在发起一场运动方面，它不会有同样的力量。用"百分之几的收益"的方法，有太多的抽象层次①：消费者不知道一个公司的收益是多少，更不用说1%或10%是多少了。他们也不清楚这些钱最终会流向何处，以及可能产生的潜在影响。通过汤姆布鞋的方法，消费者可以直观地看到他们的影响：他们买了一双鞋，需要鞋的人也得到了一双。最初的汤姆布鞋设计非常简单，因此也不会出错。这款鞋独特的外形很快就成了标志性的款式——作为一种时尚宣言，人们喜欢或讨厌它，但每个人都知道这是一款"你买我捐"的鞋。

当你穿上一双汤姆布鞋时，你穿的可不是又普通又破旧的懒人鞋。你是在表达自己的价值观，并与一群都相信这个全新的、利他主义的品牌的人建立了联系，这个品牌与之前的任何品牌都不同。你把你的信仰套在胳膊上，或者，如这般穿在你的脚上。汤姆布鞋的发展速度令人难以置信，它的发展很大程度上得益于媒体和口碑。人们很兴奋地了解和谈论这种新的商业模式，这种模式为公司能够为世界实现什么提供了一种可能性。汤姆布鞋不是一个非营利组织，但它确实代表了一个"觉醒商业"②的新时代。它的商业模式天然地与其社会使命捆绑在一起，不兼顾二者是不可能的。没有"你买我捐"就没有汤姆布鞋。这是将社会公益融入品牌故事的另一种方式：如果它只是一个很小的附属物，可以很容易地删除，从而不会对品牌整体认同感产生影响，那么只能说明你的理解还不够深入。

---

① 此处是指复杂的规则与套路。——译者注
② 关于"觉醒商业"的相关内容，可以参阅由颉腾文化策划出版的鲍勃·查普曼和拉金德拉·西索迪亚合著的《共情：觉醒商业的管理》《共赢：觉醒商业的实践》等作品。——译者注

汤姆布鞋之所以能够迅速建立社群，是因为人们觉得自己与该品牌的使命紧密相连，因此也与其他穿着这种鞋并相信这一使命的人，以及世界各地因其他人购买汤姆布鞋而收到新鞋的儿童紧密相连。这种强大的连接感造就了一场腾飞的运动。人们可以通过产品本身直接了解他们的影响；他们可以看着自己的脚，对自己的贡献感到满意。即使是汤姆布鞋的标志，一个简单的全大写字体，中间有两条水平的蓝色条纹，看上去也像一面旗帜。该品牌邀请你成为另一个国度的一部分，这个国度里的人相信为了世界的利益，能以不同的方式做事。在汤姆布鞋取得早期成功后，其他品牌沿用"你买我捐"模式也就不足为奇了。当沃比·帕克首次推出时，其最大噱头就是"买一副，送一副"计划。这包括培训人员进行眼科检查和销售价格合理的眼镜，以及为有需要的学生提供视力护理和眼镜。沃比·帕克的网站详细介绍了一副眼镜的巨大影响，它所覆盖的国家以及受益于该项目的人们的照片。同样，这是人们可以看到和相信的影响，而不是一些含糊不清的捐款承诺。

Bombas是另一个快速发展的袜子品牌，其故事在很大程度上发源于"你买我捐"的商业模式。就像汤姆布鞋一样，Bombas品牌源于一种想要产生影响力的内在欲望，而不是将影响力作为一种营销工具。当它的创始人戴维·希思（David Heath）和兰迪·戈德堡（Randy Goldberg）得知袜子是流浪者收容所需求最大的物品时，他们大吃一惊。受到汤姆布鞋和其他类似公司的成功启发，他们决定创办一家企业，消费者每购买一双袜子，就会有一双捐赠给流浪者收容所。他们敏锐地认识到，该业务本身还不足以让人执迷,于是踏上了打造完美袜子的旅程,并确定了几个关键领域,可以在这些领域改进袜子的材料和结构,以提供更好的产品。他们还设计了一款特殊的捐赠袜子,可以穿很多次而不用洗。这是一个不知道有多久都没有创新的领域,当然也没有出现一个鼓舞人心的品牌。凭借更好的产品和引人入胜的故事,两位创始人在项目集体融资平台 Indiegogo 上进行了一场非常有效的众筹活动,为 2013 年的上市发布筹集资金,最终获得了美国著名创业真人秀节目鲨鱼坦克(Shark Tank)①嘉宾戴蒙德·约翰(Daymond John)的支持。戴蒙德称 Bombas 是他迄今为止最成功的投资之一。

  对大多数人来说,袜子是需要时才会想起购置的物品,当然更不会花高价去买。但 Bombas 证明,人们愿意花高的价钱购买他们信任的品牌出品的质量更好的袜子(一双售价 11~16 美元,它家的袜子并不便宜)。更重要的是,人们乐于谈论 Bombas 并将其传播出去,这是有史以来人们夸耀的第一个袜子品牌。人们一旦结识 Bombas,就会迫不及待地告诉其他人。这种口口相传的情况之所以会发生,是因为 Bombas 是一个整体。这家公司创业的初衷是希望给世界带来积极的影响,创始人也并不只是给一双廉价的袜子贴上一个新锐品牌名称,然后把整个故事都挂在社会使命上。公司花了大量的精力来设计更舒适的袜子。这促使社群可以从多个角度形成:有些人受到回馈社会的鼓舞,也有些人喜欢传播他

---

① 鲨鱼坦克(Shark Tank),又称创智赢家,是美国 ABC 电视台播出的发明真人秀节目。该节目是一个提供给发明创业者展示发明和获取主持嘉宾投资赞助的平台,主要讲述一群怀揣梦想的青年带着他们的产品来到节目,通过说服 5 位强势的富翁给予他们启动资金,让梦想成真的故事。——译者注

们发现的这个超级舒适的袜子新锐品牌。因为捐赠计划从第一天起就是 Bombas 自身的一部分，它并没有让人觉得牵强，它只是故事中不可分割的一部分。品牌标识植根于使命，但不是以一种说教或自以为是的方式，而是邀请每个人都加入进来。

Bombas 这个名字来自拉丁语中的大黄蜂（bumblebee），大黄蜂是一种共同努力为每个伙伴创造更好环境的生物。即使你不知道这个名字的来源，Bombas 也是一个听起来有趣、充满活力、令人难忘的单词。在名字的基础上，品牌 Logo 是一只带着皇冠的蜜蜂，并且许多袜子都有蜂巢状的图案。每双袜子的内侧都绣着该品牌的座右铭"Bee better"，这不仅是对回馈社会的一种表达，也是对个人成就和产品本身创新的一种表达。一个既认真工作又不太把自己当回事的品牌，整体效果就是有趣和鼓舞人心的结合。产品、使命和品牌给人的感觉三者共同作用，为消费者创造了一个乐观而丰富多彩的世界，人们为自己是其中的一部分而感到自豪。随着产品本身和公司所做的公益带来的集体热情不断高涨，社群也不断成长。

消费者不仅了解到这些品牌的价值，还受到这些品牌的启发，这带给人一种久违的参与集体活动的感觉。消费者正在"用他们的钱投票"，把他们的钱投到他们信任的品牌上，并加入他们的团队中。然而，尽管与社会使命的联系可能感觉像是建立社群的捷径，但这并不像开张支票就能完成的公益活动那么容易。今天的成功品牌体现了它们对社会公益的承诺：它们通过改良产品的制造方法、开发新的项目以及其他创新的方式来实现变革，例如

"你买我捐"模式。

从"公益营销"到"企业社会责任"(CSR)的演变,体现了对社会使命的更深层次的理解,企业的社会意识被构建到其商业模式中。积极参与企业社会责任的公司会想方设法在它们的日常实践中产生积极影响(避免负面影响)。这不是一场短暂的营销活动,而是它们运营方式的内在组成部分,也是它们品牌的核心。与所有成功的、长期的品牌建设一样,这并不是浮于表面的理念,而是一个嵌入组织内部的理念。

我们在同一条船上

对共同事业的热情是社群建设的要素,但这并不意味着一个品牌必须有社会使命才能创造集体活动。关键是人们可以团结在一起做某些事,这让他们感到兴奋。这可以是任何能激发激情的事。一个人内心的激情是强大的,当它被分享时,势不可当。一个品牌之所以发起一场活动,是因为大家有共同的激情。特定的类别更容易引发这种集体狂热,像我之前提到过的健身和音乐也一样。几乎没有什么力量比音乐更能将人们凝聚在一起。但这并不意味着任何与音乐相关的品牌都能自动获得成功(你只需问问音乐行业的大多数人就知道了)。这一领域最成功的品牌都深知,当听众彼此联系在一起时,音乐就会变得更有意义。这就是演唱会无与伦比的能量:这是歌迷之间的友情,他们因为喜欢同一个乐队而不再陌生。音乐流媒体平台声破天(Spotify)在利用这一优势打造全球领先的音乐流媒体服务方面做得非常出色。从一开始，声破天就不仅仅是为了提供更便捷获取音乐的方式，它还使用有趣的新方式将用户彼此联系起来，让他们感觉自己是大集体的一部分。

声破天的社群建设方式是产品与生俱来的属性。它的大部分体验都是围绕用户生成的播放列表进行的，这些列表已经成为现代的混音专辑①，但它们不只是在朋友和恋人之间传递，而是在声破天平台上与所有人分享。例如，如果你喜欢20世纪90年代的嘻哈音乐，你可以关注声破天官方创建或者来自世界各地的其他用户创建的播放列表。你可以关注你的朋友，看看他们在听什么，并将你正在听的音乐转发到脸书等其他平台上。这使声破天用户之间建立了联系，并以一种更加人性化和个性化的方式发现新音乐，而不仅仅是由算法生成。世界各地的歌迷可以参与到音乐爱好者社区中，分享他们的音乐品位与知识。

声破天活跃的社群是其最有价值的资产之一，其创意团队内部开发的这项服务非常巧妙地在广告宣传中突出这一独特优势。从2016年开始，声破天在全球范围内开展跨年户外活动，以出其不意、有趣的方式突出其用户数据。广告牌上有这样的标题："对今年喜欢'女孩之夜'（Girls' Night）歌单的1235个男生说'我们爱你'。"甚至还有十分地道的台词，如"今年在剧院区听了5376次汉密尔顿音乐剧原声碟的人，能帮我们弄到票吗？"从那以后，声破天每年都会用新的数据更新宣传活动，展示其平台上搞怪又

---

① 从本质上来说，混音专辑（mixtape）是歌手们在没有正式发布专辑之前免费向歌迷们发布的歌曲集合，用于制造热点，宣传自己和自己的品牌。——译者注

有趣的行为。在日益多元化的时代，声破天活动用幽默来赞美个人的观点（"与制作名为'左派精英雪花牛肉烧烤'歌单的人一起吃素食牛排"），同时在人们之间建立联系（"3749名在英国脱欧公投那天播放'我们所知的世界末日'的歌迷朋友，坚持住"）。归根结底，这项活动揭示了人们的共同之处：我们用音乐来庆祝美好时光、度过艰难时刻，以及并非只有我们拥有另类偏好。

声破天活动传达的信息是：我们都是人类，音乐使我们成为人类的一部分，因此我们都可以加入声破天大家庭。你可以对别人不同寻常的播放列表暗自发笑，同时反思自己的音乐品位和信仰。这项活动在完全陌生的人中创造了一种温暖和连接的感觉，因为你会同情"在情人节听了4个小时'永远孤独'歌单的洛杉矶人"。你不需要知道他们是谁，也不需要查看他们在脸书上的个人资料——我们都曾是那样的人。声破天将我们联系在一起，我们就不那么孤单了。通过呈现其会员群体的鲜活个性，声破天在用户之间创造了一种亲密感，让他们感到彼此之间以及与品牌之间的距离更近了。它给人的感觉更像是一个俱乐部，而不是一个全球科技平台。

问：我知道如何才能围绕音乐建立一个社群。但如果我的行业并不能将人们自然地聚集在一起，那该怎么办呢？

当然，声破天有其优势，它所处的音乐类别会自然引起人们情感上的共鸣。但每一家企业的目标都是那些有着共同需求或偏好的人，或者处于人生特定阶段的人。有很多方法可以在这些人之间建立更深层次的联系，从而加强他们与品牌的联系。一些品牌有强大而活跃的评论区，在那里人们除了分享对产品的看法，还分享技巧和建议。还有一些品牌则在其照片墙账户上突出个人会员的故事，以此来记录每天都在使用它们产品的真实用户。社群的感觉越强烈，其品牌的影响力就越大。这是社群和群体之间的区别。在社群里，每个人都很重要——你是这个群体的一部分，你在为整个社群做贡献。你不是无名小卒，你属于这里。

说着同样的语言

品牌通过确保参与其中的每个人都有归属感，从而建立强大的社群。产生这种归属感的方法有很多。它可能来自共同的使命感——你们关心相同的价值观和事业，共同的服饰——你为自己能和其他人穿着同一品牌的衣服而感到自豪，还有共享的词汇。品牌的语言认同，也就是它的语言表达方式，是一个有价值的社群建设工具。通过对语言的选择，品牌表明了它是为谁服务的，同样重要的是，它也表明了它不为谁服务。例如，一个品牌想要表明它是为具有一定专业水平的人设计的，可能会使用普通人群中不常见的术语。针对烹饪爱好者的厨具品牌可能会使用"焯"或"真空低温烹调法"这样的术语，却没有给出定义。同样的道理也适用于体育品牌、游戏，以及任何一类人以拥有高于平均水平的知识而自豪的类别。

品牌需要谨慎地做出这些决定，因为大多数企业不想让人觉得难以接近或过于排外而因此丢掉顾客。但想要通吃也有危险。例如，如果你的目标用户是专家，而你的语言又过于简单化，那么你就有可能看起来像是一个新锐品牌，从而可能导致你的产品质量受到质疑。对于不知道什么是可塔朵（Cortado，一种浓缩咖啡）的人来说，这款浓缩咖啡机真的是最好的吗？该品类爱好者不想感觉被贬低了，不想参与到一个他们很清楚却还需解释术语的社群中。

同样的道理也适用于俚语的表达和使用。警告标签：品牌在使用俚语时需要非常小心。通常情况下，一个试图涉足"如今孩子们是如何说话的"的品牌，会给人留下用力过猛的印象。这就像听到爸爸说俚语。和大多数事情一样，如果怀疑自己是否能做到，你很可能做不到。但对于一些品牌来说，特定的对话方式是其身份所固有的。它们全盘接受一组针对某些特定受众的词汇和短语，而不使用其余的单词和短语。就像在朋友圈中一样，这创造了一种共同的理解和圈内人身份的感觉。你要么明白，要么不明白，如果你不明白，那就不适合你。一个拥有特定说话方式的绝佳品牌例子是新闻订阅平台 theSkimm。

theSkimm 由卡莉·扎金（Carly Zakin）和丹妮尔·韦斯伯格（Danielle Weisberg）于 2012 年创立，最初是一份每日电子邮件时事通讯，现在已经发展出一系列产品和服务，其中包括播客、书籍、App 和其他资源，这些资源可以让你拥有"更轻松、更智能的生活"。时事通讯是该品牌的核心业务，截至 2018 年年底拥有 700 万订阅者。它提供了一份每日重要新闻的晨间纲要，以一种不同于任何其他新闻来源的随性、聊天的语气写成。theSkimm 以其标志性的有趣标题开始每条新闻，或者以一种半开玩笑的方式提示将要说的事情。例如，"谁在Yelp①上搜索'英国最好的律师'？……朱利安·阿桑奇（Julian Assange）"或"还有谁比你父母更缺乏隐私意识……脸书"，或者扮演读者的角色，提示更多信息。与那些刻意针对专家的品牌不同，theSkimm也为那些对新闻或政治不感兴趣的人写文章。它消除了不谙此事的羞耻感，以"我觉得我以前听说过这件事"和"你可能听说过"这样的短语开始新的段落，接着是说"这与伊朗核协议有关"或者"我需要上一堂简短的历史课"，然后提到"曾经由埃及控制的加沙地带……"。每份时事通讯都提供了一份独立完整的简报，读者可以随时了解时事，而不需要对以前发生的事情有充分了解。它是用朋友之间聊天的语气写的，以一种简洁的方式来传递有价值的信息。

  theSkimm独特的调性使得这个品牌受到不少批评和嘲笑。记者们指责theSkimm轻描淡写或过于随意地对待严肃的话题。但很明显，theSkimm在与观众建立联系方面做得很好，激励大量的人参与到新闻和政治中来，甚至让人们为其无党派的"无借口"运动投票。theSkimm还成功地动员用户通过它的会员计划来传播关于该品牌的信息，该计划奖励那些分享theSkimm的会员，提供赠品、活动访问权、独家内容和社交活动机会，以及在时事通讯中庆祝自己的生日。扎金和韦斯伯格曾公开表示，他们很自豪能创造出一个非主流的声音。他们非常清楚自己的品牌是什么以及它

---

① Yelp是美国著名用户点评网站，创立于2004年，囊括各地餐馆、购物中心、酒店、旅游等领域的商户，用户可以在Yelp网站中给商户打分，提交评论，交流购物体验等。——译者注

是如何运作的。他们有一本内部品牌指南，概述了 theSkimm 的品位和习惯，这些品位和习惯随着时代趋势的变化而不断演变。theSkimm 的忠实用户人数持续增长，并且与该品牌受到大量的指责这一情况并不相符，它的用户感觉自己是社群的一部分，尽管并不是每个人都需要它。

当品牌创造出一种强大的包容性时，它们就会建立起成功的社群。它并不需要刻意将人们排除在外，但它确实需要你愿意明确自己的立场。当巴塔哥尼亚（Patagonia）拒绝将其羊毛背心出售给那些不爱护地球的公司时，它可能让一些华尔街精英失望了，但它收获了具有环保意识的用户的爱，他们觉得自己与巴塔哥尼亚的价值观更接近，因此对品牌更忠诚。当人们知道一个品牌代表什么，并认同它时，就会产生一种亲密感。社群不是围绕一个标志或一个机智的社交媒体战略形成的，而是围绕着一系列共同的激情或理想而形成的。再次强调，从一开始就打造一个品牌是有价值的，它代表的不仅仅是一个产品故事。虽然当一些运行良好或有酷炫的新功能的产品推出时，最初可能会爆火，但这种热度不太可能持续下去。当品牌邀请人们成为社区的一部分时，它的消费者就不太可能转向下一个闪耀的产品，因为那样他们将失去与已经成为身份一部分的集体的联系。

> **记住：** 社群不是由照片墙上的粉丝数量来定义的。而是当你找到方法通过共享的价值观将你的消费者联系起来时，才会形成真正的社群。

5
集中力量

最近我不得不买了一台空调，但这次购买经历有点心塞，让我不禁怀疑，我是不是应该直接熬过这么炎热的天气。有那么多的品牌需要筛选，甚至在这些品牌中，还有上百万种特性和功能可供选择，但没有明确的方法来确定什么要素才是真正重要的。哪些功能值得花更多的钱呢？我是该更关心静音效果还是能耗？在对 Wirecutter①进行了广泛的研究，阅读评论并征求建议后，我终于做出了决定，现在只要把它送上我那栋无电梯的大楼，然后进行安装就足够了。整个过程让我意识到：直接面向消费者的现代品牌把我宠坏了。在一个只提供一款型号的网站上购物是多么美好的事情，不用到各处选购就知道自己买到的是最好的产品，而且客户服务人员随叫随到是一件多么让人舒心的事情！一个会根据你的需求精心设计整个购物体验的品牌多好啊！不用再费脑筋去选择给人一种轻松和自由的感觉，因为品牌方已经为你考虑好了方方面面。有谁会愿意花时间比较功能的差

---

① Wirecutter 是一家主要专注于 IT 产品以及家居家电的测评网站。——译者注

异和阅读用户的评论呢？我更愿意直接被告知答案。

聚焦的力量

在第 3 章中，我谈到了品牌应该少考虑自己的身份，而应更多地考虑用户的身份。在第 4 章中，我研究了如何在一群人中建立社群，因为一个品牌不能试图满足所有人。这两个原则都需要品牌直接表明特定的思维模式，这意味着品牌要做出选择，有时甚至是艰难的选择，以保障注意力集中。当今成功的品牌都把重点放在某一项业务上，而不是试图覆盖所有。

寻求增长的品牌最终需要与广泛的受众接触，而这些受众看起来不会与最初爱上它们的人一模一样。虽然如今有很多"小众品牌"在照片墙和脸书的精准目标定位功能推动下，瞄准了很小的一块市场，但许多新锐品牌的目标仍然是大众市场。然而，即使目标是建立一个价值 10 亿美元的企业，如果没有第一批支持品牌并成为其忠实追随者的顾客，这个品牌也永远没有机会吸引其他人。最初的那些领军品牌之所以能使得消费者忠实于其品牌，是因为它们准确地知道自己的品牌代表着什么。而一个品牌代表的是什么，就是消费者选择它的最直接的理由。

随着文化消费方式翻天覆地的变化，任何新锐品牌都能够达到大众规模的销售，这实际上有点令人难以置信，因为人们看同样的节目或在同样的商店购物的情况越来越少。我记得大约在

2000年的某个时候，我在杂志上读到一篇关于TiVo①的文章，这促使我投身于广告业。对那些出生于2000年（或2000年之后）的人来说，TiVo是最早的数字录像机（DVR）产品，它使人们能够从有线电视上录制节目，在方便时观看，并能跳过商业广告。你可能会说有线电视就是这样，有啥大惊小怪的。关键是，你可以在任何时候观看一个没有广告的电视节目，而不是当它只在电视上播放的时候，这一想法很有里程碑意义。这篇文章展望了一个没有电视广告的未来，并表明我们的孙辈将很难理解，我们曾经都买过同一品牌的洗涤剂。这篇文章预言了主要由电视广告创造的统一消费文化的消亡。当时，我开始思考这样一个事实，即人们确实都购买了同一品牌的洗涤剂（至少目前是这样），以及市场营销在产品满足人类普遍需求中所扮演的角色。那年夏天，我在一家广告公司实习，以便更好地了解品牌如何能够以不同的方式与这么多不同用户进行沟通，以及这些沟通的方式是如何将所有人联系在一起的。快进到现在，在一个许多家庭都没有有线电视的世界里，即使是创造数字录像机的想法也感觉非常过时。但随着单一文化的衰落和电子商务的兴起，我们都知道品牌的重要性，更重要的是我们对品牌的热爱并未消失。只是今天的品牌需要找到一条不同的增长之路，而这需要从专注开始。

大多数成功的新锐消费品牌推出的产品非常有限，这是有原因的。这些品牌一开始大多都只推出一两种产品，而不是推出40

---

① 1997年，迈克·拉姆齐和几个好友共同开发了这个名叫"TiVo"的数字录像机，它是一种数字录像设备，能帮助人们非常方便地录下和筛选电视上播放过的节目。

种不同的款式,并且每种款式还有10种不同的颜色。从表面上看,这种做法似乎削减了消费者的选择权,但实际上是为了消除那些会浪费人们时间、让人们的生活变得更加艰难的选择。这与传统零售业时代的做法形成了鲜明对比。在传统零售业,品牌会试图推出尽可能多的单品,以占据货架的主导地位。这就是为什么你可能会在药店看到20种不同类型的同一品牌的牙膏,然后花半个小时来决定你更关心的是去除牙垢、美白、去除牙垢加美白、口气清新,还是更好的牙口。现在,它专注于人们想要什么,并简单明了地提供给消费者。这些品牌为消费者策划了选择方案,这是帮了他们一个大忙,消费者也会回馈品牌。品牌先建立忠诚度,然后能够随着时间的推移,以一种可控的、易于接受的方式逐步推出更多的产品。

简单是一种天赋

在这个疯狂的世纪之初,我们正处于一个信息超载、选择超载、决策超载、剧集过载的时代,有数以千计的娱乐方式,数以百万计的购物场所,这都超出任何人的想象。但是,成功的新锐品牌已经意识到,更好的做法是减少选择,而不是让每个地区都有不同的产品选择。通过简化产品,品牌能够更多地关注情感的总体叙述,而不是细微的产品差异。在红鹿角,我们与一家传统配饰公司合作了一个项目(虽然最终没有推出),该公司希望打造一个DTC(直接面向消费者)品牌。为了让公司在发布新品时限制款式和颜色的数量,我们与公司的负责人争论了几个月。该公司的销售团队无法理解为什么我们要通过给人们提供更少选项的方式来进入市场,因为面向百货商店的品牌永远不会以这种方式接近买家。然而,这种直接面向消费者模式的一个好处是,通过提供更少的产品(至少在开始阶段),你可以直达品牌故事的核心,而不是花时间让人们浏览令人眼花缭乱的产品。

许多直接面向消费者的新公司都采用了这种更专注的产品战略,这反过来又使它们有能力打造一个用户喜爱的品牌。品牌只提供更少的产品,却可以代表更多。截至2019年,Away这个网红箱包品牌的估值为14亿美元,但它只在2016年推出了一款产品。Away是由两名沃比·帕克前员工斯蒂夫·科里(Steph Korey)和珍·卢比奥(Jen Rubio)创立的。在负面新闻的影响下,科里于2019年年底暂时辞去首席执行官一职,但不久后又复职。在该品牌首次面世时,它唯一的产品是一个硬壳随身行李箱,只有四种颜色可供选择,价格合理——225美元,并且终身保修。Away没有花时间解释各种型号之间的差异,也没有帮助消费者决定哪种型号适合他们,而是专注于其独特的产品,以推出一款完全以人们对旅行的热爱为主题的产品。其以"旅行"而不是"箱包"为切入点,通过引人共鸣的品牌理念叙述,从一开始就上升到情感价值层面。2015年年底,当科里和卢比奥意识到他们的供应链无法充分满足购物节需求时,他们推出了预售策略,使他们能够集中讲述关于该品牌的故事。他们采访了来自创意社群的有趣、有影响力的人,并创作出版了一本名为《我们回到的地方》(The

Places We Return To）的精装书。每位预订行李箱的消费者都会收到这本书，最终所有产品销售一空。这种方法从一开始就为该品牌定下了基调，其目的就是通过共同的旅行热情将人们联系起来，而行李箱则是达到目的的一种工具。

  以一种风格推出也会带来更快的反响，因为产品可以立即被识别为品牌的象征。当人们看到 Away 行李箱，或者欧布斯羊毛运动鞋时，会产生对携带或穿着它的人的一些认知。Away 随身行李的标志性外观已经成为热衷旅行生活方式的象征。即使 Away 在 2016 年秋季推出了更多款式时，它的做法也避免了传统的决策疲劳。除了原来的随身行李箱，它还增加了中号和大号的随身行李箱，让每种款式之间的区别一目了然。在其网站上，一个比较工具让选择变得更加简单，它不仅突出了行李箱的尺寸，还强调了每个行李箱能装多少件衣服以及它最适合的旅行和飞行时长。这提供了一种更人性化、更平易近人的购物方式——谁能真正想象出 21.7 英寸长什么样子呢？但你肯定知道你要带多少套衣服。相比之下，以高档和多功能著称的美国商旅箱包品牌途明（Tumi）提供 Tegra-Lite Max 可扩展国际旅行箱、Très Leger 国际旅行箱、Arcadia 可扩展国际旅行箱、Sutter 双通道 4 轮国际旅行箱等系列产品的超多选择。当你费力地做完选择的时候，你发现自己已经错过了航班。Away 的推介方式会让你对前进的方向感到兴奋，而不是停留在网站上点击产品描述来试图收集细微的差异。

  随着组织不断的发展，Away 继续强化了自己作为旅行品牌的定位。公司一直在扩大，但重点并未改变。该公司推出了名为

《这里》（Here）的旅行季刊，在网上和展厅出售（并赠送给所有购买行李箱的人）。2017年，它在时装周期间收购了巴黎的一家酒店，创建了一家拥有美甲师和文身艺术家的快闪酒店Chez Away，同时与志同道合的品牌举办了研讨会和活动。2018年夏天，它在纽约市苏豪区推出了名为Terminal A的快闪体验活动，出售Away及其他与旅行相关的商品。这个空间的灵感来自机场，但比机场时尚得多，也没有来自美国运输安全管理局（TSA）的监管麻烦。当Away自2018年起开设永久零售店时，它策划和组织了其他"旅行必需品"与自己一起销售产品，并将其门店定位为"打造你的旅行装备"的卖场。

问：所有这些营销活动和新产品不会偏离品牌最初的关注点吗？

创建一个专注的品牌并不意味着公司永远只销售一种产品。自创立以来，Away已经从一系列铝制行李箱扩展到包装盒等配件领域，毫无疑问，它的产品种类将继续增加。但它这样做的出发点是已经将自己打造成"旅行生活方式"系列品牌，这让它可以进入从产品到体验的各种与旅行相关的领域。它没有尝试从一开始就通过销售尽可能多的不同类型的产品来获得市场份额，而是基于一个想法逐步推出，稳步强化消费者对品牌理念的认识。聚焦产品策略实际上能提供更大的视野，因为这不再是聚焦于一个行李箱的特点，而是考虑整个旅行的解决方案。

新的忠诚度

  Away 成功地抓住了机会，那就是很少有人对自己的行李箱品牌保持忠诚或热爱。在 Away 之前，从定价、销售和定位方面，没有一个明显的品牌能满足现代旅行者的需求。对大多数人来说，在百货商店里挑选售价 1000 美元行李箱的时代已经结束。在数字时代，甚至连百货商店这个概念都显得有点过时了，当然，传统零售业还得年复一年地感受着消费观念改变带来的阵痛。然而，许多新锐品牌则通过吸引那些仍然需要购买行李箱、床垫或餐具的人获得了成功，这些人并不希望在布鲁明戴尔（Bloomingdale's，美国著名连锁百货商店）或 Bed Bath & Beyond（美国大型连锁家居用品零售店）度过周六（既然他们可能需要的一切都可以在手机上买到，他们为什么要去百货商店呢）。这些新锐品牌具有清晰、专注的价值主张，并将过去令人讨厌的琐事变得不费吹灰之力。

  我们帮助推出了美国家居设计用品品牌 Snowe 家居，这是一个和 Away 的经营理念相似的品牌。Snowe 家居意识到，随着消费者对传统营销方式的反感，企业需要创新。蕾切尔·科恩（Rachel Cohen）和安德烈斯·莫达克（Andrés Modak）夫妇发现为自己购买家装产品困难重重，一端是宜家（Ikea），另一端是价格过高的百货商店品牌，于是就创立了 Snowe 家居。正如安德烈斯所描述的那样："我们着手解决的问题是我们夫妇在共同进行家装设计过程中亲身经历的问题。价格与价值的等式被打破了。你会看到许多一次性的低质产品和平庸的设计，品牌都在注重数量而不是质量。而那些奢侈品牌又超出了我们的能力范围。没有品牌能使我们满意、轻松地选购商品。"

他们发现没有一个品牌能提供价格公道但质量上乘，并符合他们喜好和感觉的家居用品，于是他们建立了一家直接面向消费者的家居用品公司——Snowe 家居。想想盘子、玻璃器皿、床单、毛巾，那些每家每户都必备的以及人们结婚登记时要用到的东西。Snowe 家居的商业洞察在于，大多数人并不是在挑选瓷器的样式，不是在投资买一套"好"的餐具（为女王来用餐时准备的！），也不会在衣橱里放上客人用的毛巾。大多数人不会等到结婚后才"共建家庭"。作为一种文化，我们的整个生活方式变得更加休闲和灵活，人们需要一套既适合在电视机前吃麦片，也适合在晚宴上用的餐具。同样，这也是为了消除不必要的选择造成的身心上的混乱。

问：同时提供多个产品类别如何体现专注度？Snowe 家居不是应该一开始只专注于一个类别，比如餐具或毛巾吗？

专注并不总是一样的。虽然对于像 Away 这样的公司来说，只推出一个行李箱产品是有意义的，但并不是每个行业都是这样的，特别是当消费者需要考虑搭配的几样东西，在同一个品牌一起购买会容易得多，而非购买每个单品都要访问单独的网站。Snowe 家居能够为消费者提供更好的体验，为他们提供一个目的地，把家里需要的所有家居物品都分门别类放在一个地方。通过其有指导的、独特的购物体验，Snowe 家居简化了选择。安德烈斯解释说：

"以前，你会在大型零售网站上筛选 50 个打开的标签，然后试图决定要买什么。当你走进 Bed Bath & Beyond，你会感觉到很压抑。"一旦蕾切尔和安德烈斯看到了机会，他们就必须无视那些唱反调的人，那些人认为同时发展多个品类是疯狂的，并对他们能够比只专注于一种产品的公司发展得更好表示怀疑。蕾切尔和安德烈斯研究了哪些品类是适合一起购买的，思考如何让那些以前可能没有做出过这样购买家居用品决策的客户更轻松，他们对购物体验有了更高要求，不仅在乎价格，还在乎品位和质量。"为了减少筛选之苦，我们需要精简流程，成为一站式商店。"

对于 Snowe 家居来说，为客户提供全方位的解决方案和创造更大的终身价值是非常有意义的，但其在产品分类方面也非常谨慎。Snowe 家居的网站导航是围绕家庭的主要活动场景来组织的：睡觉、洗澡、吃饭和喝水。在这些分类选择下，消费者的需求差异非常明显。

例如，当 Snowe 家居团队推出柔软、硬度中等和较硬三种枕头时，他们在每个枕头上都附上了相应的盆栽照片以说明产品的硬度特性。Snowe 家居也没有提供上百万种不同的图案和颜色，与其说它是只提供一种特定的外观，不如说是提供了一种每个人都能欣赏的感觉——轻巧但耐用的餐盘，拿在手中感觉很棒的饮料杯，完美柔软的毛巾。正如安德烈斯解释他们的产品理念时所说："我们想要追求真正的核心要素——你可以用一种非常简单的方式将其层次分明地组合在一起。"

Snowe 家居围绕推动产品决策的关键要素进行广泛的研究和

测试，以指导每种产品的差异化。创新包括在玻璃上涂钛，这样你就可以把它扔在桌子上或扔进洗碗机里，还有空气编织的毛巾，它更柔软，干得更快。安德烈斯解释说："我们有两年半的时间没有推出亚麻布产品，尽管它在美国越来越流行，因为我们不想为了推出而推出。相反，我们花了一年多的时间完善我们的产品，开发了一种利用飓风般的力量鞭打亚麻的工艺，直到它变得如此柔软，不可思议吧。如果它仅仅只是'足够好'而已，那么市场上这样的产品多如牛毛。我们看到了很多商业化的产品，尤其是在与亚马逊的合作中。但我们的目标受众是考虑得更周到的消费者，他们相信'少就是多'，希望投资于更耐用的产品。"

Snowe 家居的品牌战略是"让你的生活美起来"，品牌理念是"你每天使用的物品应该为你的生活提供一个深思熟虑和有意义的基础"。我们推出了 Snowe 家居网站，标题是"从 Snowe 家居开始，看看会发生什么"。这传达了该品牌的理念，即餐盘本身并不是目的，它是围绕食物创造体验的手段。它应该默默地圆满完成自己的工作，每天都是如此，而且要持续多年。换句话说，你不应该想得太多。该品牌的重点是让 Snowe 家居的消费者购物变得容易，而这不仅仅体现在便利性方面。

忠诚于 Snowe 家居很容易，因为它的价值主张非常明确。你可以相信它的质量，不用费心抉择买哪款咖啡杯，也不用担心在哪里买，它甚至可以把你整个房子全部装点好。该品牌将周到的设计与轻松的现代生活方式结合在一起。这不是执迷于玻璃器皿，而是投资于制作精良的物品，这样无论你选择什么产品都可以每天享受它们。正如安德烈斯所说："无论是吃饭，还是享受下午茶，又或是在一天结束时小酌一杯。我们希望为生活在产品之外的时刻营造一种有趣的氛围。Snowe 家居产品起到了支持作用，使体验变得更加愉快。"

该网站的摄影作品展现了杂乱无章的真实瞬间，比如洗涤槽里的盘子，而不是策划完美到不切实际的生活场景。在整个网站上，当你滚动特定的产品图片时，几乎没有什么令人惊讶的事情：碗里的 M&M's 巧克力豆，盘子里吃了一半的马卡龙，酒杯里的金鱼，马提尼杯里的圣代冰淇淋。在别致简约的设计中，该品牌传达出它的随性，因为它的消费者也同样随性。在这里你能够买到可以用一辈子的产品，并且是以你能够负担得起的价格。在品牌原则中，有一条是"保持简单"，但正如安德烈斯解释的那样："细节太重要了。这是个悖论。我们想让事情变得简单，但又会被细节弄得焦头烂额。每一个小细节都很重要，因为考虑更周到的客户同样想要更好的体验。我们从不会推出我们自己都不喜欢的产品。"

Snowe 家居提供这样一个解决问题的方案，即如今太多的选择使得人们精疲力竭。人们都不想太辛苦。当他们不得不花大量时间研究，或者要等几周才能拿到货，或者心疼支付运费时，他们就会选择放弃你的品牌。这便为新锐品牌提供了进入市场的空间，它们提供有针对性的信息，清晰的决策途径以及慷慨的退货政策，消费者自然而然地更容易爱上它们，因为阻碍消费者决策的东西少了很多。通过消除所有的这些干扰和分歧，品牌可以直接跳到有趣的部分，进入一个更注重生活方式而不是更多物质的世界。

当选择更多地成为一种负担而不是礼物时,那些不强迫人们想太多的品牌就会获胜。

适合很多人的产品

虽然给人们提供尽可能多的选择似乎是一件慷慨的事情,但这对品牌的好处似乎总是大于对消费者的好处。事实上,品牌从第一天开始就专注于愿景,需要做更多的准备工作。为了驱动消费者对品牌的执迷,品牌需要放弃一些消费者和机会。我见过太多的投资者试图抓住每一个潜在的增长机会(比如这个,"目前我们关注的是宠物,但这个想法很快就会变成针对老年人的了")。但为了发展成为每个人都喜欢的巨头企业,亚马逊选择了一开始只卖书(纸质的那种!),而且做得非常好。

对于一个新锐品牌来说,在推出之前就确定好产品定位并非易事。这其中有风险,因为从商业的角度来看,你可能会错过潜在的收入来源。以 Away 为例:可能有一些消费者只会买柔软外壳行李箱,所以推出硬壳行李箱的 Away 便将这些人排除在了潜在客户之外。但随着这一产品特性迅速成为品牌的标志,Away 的业务在很短时间内就实现了盈利,并建立了作为旅行品牌的信誉,使得它的业务最终可以扩大到远超行李箱的范畴。如果 Away 一开始就尝试推出 10 款不同的行李箱、旅行配件、洗漱用品和一家酒店,那么我们会很难想象,它能在提供周到服务和讲好故事的同时还能做好所有这些业务。聚焦策略给予了品牌更多的时间来叙述它所代表的东西,当某个品牌的目标只是占据某一个品类时,聚焦策略是十分必要的。聚焦策略还可以帮助人们意识到新的行为,因为品牌可以一开始就深入研究某一方面的信息,而不是一味追求快速又肤浅的信息。

创新美发造型连锁沙龙 Drybar 是一个通过从一开始就取消选择而获得惊人成功的品牌。美发沙龙并不是什么新鲜事物——美国几乎每个社区都有发廊,可以肯定的是,所有的发廊都有吹风机。但 Drybar 创始人艾莉·韦伯(Alli Webb)发现,消费者大多需要的是一个可以支付得起的发型服务,而不是一整套的沙龙服务。韦伯是一名训练有素的发型师,也是一名全职妈妈(stay-at-home)。2008 年,她推出了一项名为"Straight-at-Home"的业务,提供家庭发型服务,并在针对宝妈群体的博客上做广告。当她一个人无法应付日益红火的生意时,便于 2010 年在洛杉矶布伦特伍德(Brentwood)社区开设了第一家实体店,名为 Drybar。

从一开始,Drybar 就用"不剪不染,只吹发"的口号明确地表达了自己的服务内容。这一特殊聚焦策略为女性群体创造了新的机会,她们以前不会考虑"仅仅因为吹个头发"而频繁地去美发店。吹发这项服务非常简单明了,而且价格也足够合理,所以很容易就能做出决定。去美发店可能感觉像是一件麻烦事,而 Drybar 感觉就像是一个随便逛逛和见见朋友的地方。你可以在一个小时内吹好头发,然后带着那份独特的自信离开,这种自信源自对头发的自我感觉良好。事实上,韦伯曾说过 Drybar 卖的不是发型式样,而是美发时的快乐与自信。通过聚焦于特定的需求,

Drybar 允许人们在可能没有必须要去美发沙龙的时候尽情享受。没有决策疲劳，毫不费力，只有乐趣。

　　Drybar 在品牌建设方面好到令人难以置信，创造了从头到尾令人愉快的体验。虽然美发行业，特别是在中低端市场，感觉上是乱七八糟和不可预测的，而 Drybar 从它的服务质量到店面感觉都在追求一致性。它借鉴了"酒吧"的概念，推出了一系列鸡尾酒主题的吹发风格菜单，从曼哈顿风格（顺滑）到南方舒适风格（蓬松）应有尽有。这减轻了消费者需要不断通过解释来确定自己想要什么风格造型的困难，现在她们只需要从图册中选择即可。一眼就能辨识出来的黄色和灰色的品牌色调主导着店面空间，显得明亮、干净和欢快。店里电视屏幕上播放着人们喜爱的经典"女性电影"，女士们会得到免费的葡萄酒、香槟和饼干。还有一些细微之处的变化会让体验感受大大提升，比如每个座位配备的手机充电器，解决了被大多数美发沙龙忽视的痛点。甚至连它的卫生间都装饰得很迷人，墙上挂着复古的黑白照片，还有亮黄色的点缀。

　　Drybar 并不是像大多数沙龙那样要求造型师自己承担培训费用，它通过不断在造型师身上投资培训，打造了高度统一的服务体验。走进 Drybar 门店无疑是一种乐趣，因为你知道你走出来时会看起来很棒，感觉上也很好。今天，Drybar 在全美拥有 100 多家门店。2013 年，它推出了自己的造型产品系列，包括标志性的黄色吹风机，在高档连锁百货商场诺德斯特龙（Nordstrom）、美妆连锁品牌丝芙兰（Sephora）和 Drybar 门店同步销售。也许它成功的最好证据是在它之后涌现了许多类似的企业，既有直接模仿吹发服务的竞争对手，也有相近行业的单项专业服务机构，比如修眉。

韦伯说她也曾受到投资者的压力，要求她在吹发业务之外进行扩张，但她表示只愿继续做好一件事，以保持品牌的本真。而且，Drybar 的聚焦策略在很大程度上有助于传达该品牌的服务品质。如果吹发就是 Drybar 造型师所做的全部工作，那么即便你不曾了解 Drybar 在员工培训上的投资，你也很容易相信这个品牌可以带来令人难以置信的吹发体验。这好比是一家只提供几种精心策划的菜单选择的高级餐厅与递给你 40 页图册的芝士蛋糕作坊之间的不同之处。聚焦策略可以帮助传达对细节的关注，传达一种注重质量而不是数量的精神。它还可以帮助人们理解，这个品牌是为他们所准备的，因为它并不是试图为每个人服务。但同样，这需要勇敢地把一些顾客（和他们的钱包）抛在脑后。

米科·布兰奇（Miko Branch）是价值数百万美元的护发品牌 Miss Jessie's 的创始人，她将自己的成功归功于早期的信念，即拥有明确的细分市场。20 世纪 90 年代，她和姐姐蒂蒂（Titi）在布鲁克林的贝德斯图区（Bed-Stuy area）开了一家美发沙龙。米科刚生完孩子，她向我说："作为一个单亲妈妈，当我和蒂蒂在共同经营家庭沙龙生意时，我坚持自己来照顾儿子的生活。有一次我在四楼帮儿子洗澡，被他溅起的水花打湿直发后，我不得不接受自己的自然卷曲的头发变成了本来的样子。可是我没时间把我的卷发弄回直发，我需要尽快跑到二楼为客户服务。"然而，这一无奈之举导致了一个变革性的发现，米科说："有一小部分客户对我那自然的卷曲发型比我之前柔顺而笔直的发型更感兴趣。"

米科意识到没有哪个商家能够满足那些想要保持自然发型的非裔美国女性的需求，所以她开始创建一个不再提供柔顺直发服务的沙龙品牌。这是有风险的，但正如她所解释的那样："我们没有什么可失去的。我们对改变美发沙龙服务并不那么担心，我们担心的是无法支付抵押贷款。"她开发了一种卷发造型新技术，来自全市不同种族和民族的卷发女性开始蜂拥而来。当米科和蒂蒂找不到适合卷发造型服务的产品时，她们就研发了自己的产品，于是 Miss Jessie's 品牌就诞生了，其招牌产品是"卷曲布丁"（Curly Pudding）。2010 年，Miss Jessie's 有 250 家门店入驻了塔吉特百货（Target），如今在塔吉特百货、沃尔玛和其他全国性连锁店都能看到她们的门店。多年来，随着业务的发展，自然卷曲发型的趋势也在增长，布兰奇姐妹成为该领域的领先者。

布兰奇姐妹决定成为自然卷发美发沙龙的专家，事实证明，这一决定使她们获得了超乎想象的成功。卷发的创新技术和产品线使她们成为行业先锋。随着时间的推移，米科一直坚持自己的关注点："没有一家零售商、私募股权公司、天使投资者或竞争对手能够损害我们品牌的资产。做真实的自己，根据我们的价值观做出最好的决定，这对我们个人和事业都有很好的帮助。"

天生一对

一个独特的愿景有助于品牌与消费者之间建立信任：消费者是因为感到被理解而不是被推销才选择了品牌。Miss Jessie's 的定位明确，一开始就没有提供柔顺直发服务，让拥有天然卷发的女性知道，她们的需求不是事后才想到的，而是品牌故事的驱动力。在技术的推动下，各品牌以高级定制的形式进一步发展了这一理念。这些新锐品牌不再是通过提供听起来都很重要而又有细微差别的一堆让人眼花缭乱的产品，而是通过提供一种根据消费者的确切需求量身定做的产品，将聚焦策略贯彻到了一个新的层次。

定制化是聚焦策略的最终体现，因为不再继续扩展产品线来满足每个人的需求，而是能够根据每个人的不同需求来调整产品。说到护发，快速浏览一下洗发水货架上的传统品牌，就会发现有许多不同功能的产品，如减少毛糙、修复损伤、增加发量、增厚、滋养、护色、治疗头皮屑和顺滑等——这些都来自同一个品牌。但如果你要护色，也要减少毛糙怎么办？再然后呢？

我在本章开篇的时候谈到了错误的区分，它们更多地服务于品牌，而不是消费者。一种解决方案是取消选择，使其变得简单。另一种解决方案是准确地了解人们想要什么，并为他们定制。我们与一个名为 Prose 的品牌合作，该品牌开启前所未有的定制化护发之路。Prose 的联合创始人、首席执行官阿诺·普拉斯（Arnaud Plas）和产品副总裁保罗·米可（Paul Michaux）在欧莱雅（L'Oréal）结识，他们看到了一个发展护发业务的新机会，可以更有效地满足消费者的需求，并解决常见的痛点。

从洗发水、护发素到发膜，每一款 Prose 产品都是定制的。正如阿诺解释的那样："Prose 开创了一种新的护发方法来挑战美发业，这种方法提供真正的定制产品并可以大规模生产。我们看到传统美发业通过将消费者的需求细分为受损型、卷曲型等类别来创造护发产品。这种过时的方法过于简单化，无法真正满足消费者所有的护发需求，只给客户留下了一大批无效的产品。"Prose开发了一种专有算法，它使用135个不同的因素来确定成分的混合，并为每一位客户创建了有针对性的100%独特的配方。它着眼于所有可能对一个人的头发产生影响的因素——特定的环境因素、头皮状况、压力水平、饮食习惯等。

在传统的购物体验中，消费者思考一系列对自身头发产生影响的因素，通过权衡每一款产品功效而做出选择。Prose的不同之处在于，消费者不再需要选择哪种功效对他们最重要，Prose会通过调查问卷了解消费者的习惯（比如素食或不吃香料）从而定制护发配方，使得消费者获得一种为他们的头发、行为、价值观和目标量身定做的产品。在这个追求方便快捷的时代，要求消费者花时间填写调查问卷似乎有悖常理，但保罗分享了这背后的逻辑："我们知道25个问题可能有些多，但我们注意到，热衷于寻找合适产品的消费者会花时间填写。这个时代的消费者更愿意购买那些符合他们个人价值观并真正满足他们需求和欲望的品牌。亚马逊在便捷网上购物方面开创了先例，但另一方面，消费者现在正在寻找更身临其境的对话式的购物体验。"Prose的平台为客户提供了一种新型的体验，问卷体现出的高转化率证明了其有效性。通过客户反馈，Prose可以引入新的成分，改进算法，并与客户建立有意义的关系。

我们为Prose设计的战略构想是"独一无二的头发"，这表达了双重含义，即每个人的头发对他们来说都是独一无二的，同时Prose也可为你提供你所梦寐以求的头发。我们为其创建了一个品牌标识，体现了Prose定制的精巧心思。每个产品瓶子上的标签都是定制的，上面印有消费者的名字和编码，研制专门配方的造型师，以及影响配方的主要因素。标签设计有一种近乎科学的感觉，既突出了产品的高品质，也突出了品牌的精神。对于Prose来说，定制不仅仅是一种噱头或营销策略，更是商业模式背后的驱动力，让品牌能够全面为消费者带来更大的价值。

阿诺描述了定制驱动的三个主要商机。首先是效率，瞄准并满足特定的需求和愿望，从而产生更有效的产品；其次是包容性，当其他品牌瞄准特定的种族或性别时，Prose则为个人生产产品；最后是可持续生产，只有在处理了客户的订单之后，才会按订单生产产品，这导致的浪费比行业内的其他公司要少得多。

从包容性到可持续性，Prose品牌设计了一种与高端沙龙品牌光滑的包装截然不同的新的奢华包装。Prose的包装是符合你的价值观的，是专为你而创造的——瓶子上印着你的名字，以免忘记或被朋友拿走你的洗发水。Prose的网站进一步强调了该品牌周到和精准的本质，强调了它只使用最高质量的配料，随后列出了它永远不会使用的配料清单。它将天然提取的成分与人造成分区分开，并在公司正在努力去除的成分旁边标有星号。这一级别的透明度保证了它的定制配方既安全又有效，消除了消费者所有担忧或做出其他决策的可能。消费者不用反复试验或购买多个产品来达到预期效果。Prose为你精心打理头发，勤奋、负责而又奢华。

正如保罗所说:"我们希望客户在与 Prose 互动、订购和使用 Prose 时,能感觉到他们被周到照顾,并且真正地变得特别。这就是现代奢侈品对我们的意义。"

Prose 对曾经被无数新产品发布所定义的行业采取了一种新的方法,每一款产品都承诺推出一个新的解决方案,同时也要求消费者理解其主张并对细节进行选择。Prose 提供了一个为消费者量身定做的解决方案。如果一个人的头发随着年龄的增长而变化,或者他搬到了气候潮湿的地方,或者他开始染发,他可以不需要重新花工夫来寻找一套新的护发产品——Prose 都可以帮你解决。虽然定制的解决方案在表面上听起来可能更复杂,但对于消费者来说,它更简单。消费者无须搞懂并解决复杂的护发问题,这些都由专业人士解决。

定制也在健康产业站稳了脚跟。保健行业是另一个传统上被过多选择困扰的行业。就像 Prose 一样,Care/of 为每个消费者提供定制维生素和蛋白粉产品。很少有行业比维生素和补充剂更令人困惑的了,不仅有成千上万种不同的品牌和产品,还有一大堆相互矛盾的信息,更不用说,你甚至很难知道某种东西是否"有效"。如果没有及时的效果反馈,对许多人来说,鱼油就像蛇油一样,选择服用哪种维生素可能是如此令人生畏,以至于消费者会完全放弃选择这些产品。

像 Care/of 这样的品牌有机会通过其指导性的聚焦策略将更多的人带入保健这一行业。选择产品的难题再一次得到了解决,消费者只需要成为自己的专家。消费者不再需要深思熟虑研究产品,只需回答一组关于自己的基本信息、目标、生活方式和价值观的问题，就会得到服用哪些维生素和为什么服用的建议。例如，如果你感到精疲力竭，Care/of 可能会推荐红景天；如果你生活在某个纬度以上，Care/of 可能会推荐维生素 D。在一个愉快轻松的品牌体验中，一切都被清楚而简洁地表达出来。包装干净而直接，消费者的名字印在 Care/of 定制的维生素包装上，还有当天的健康提示。即使你选择自主购物，Care/of 也会清楚地列出每种维生素、补充剂和草药的用途，让你的选择过程更轻松。将这种体验与尝试在维他命商店（Vitamin Shoppe）[1] 和健安喜（GNC）[2] 的过道里浏览，或在健康食品店里满是灰尘的袋装草药中徘徊相比较，你就会明白高盛为什么在 2018 年以 1.56 亿美元的估值投资 Care/of。

选择重要的东西

越来越多的品牌正在接受"消费者更愿意让他人为自己做决定"这一观念，而不再坚持"选择高于一切"的观念。通过取消选项、定制或咨询实现为消费者做决定，这对美国互联网内衣品牌 ThirdLove 很管用，ThirdLove 通过测试引导消费者找到完美合身的文胸。虽然 ThirdLove 的文胸不是定制的，但它给出了定制化建议，消除了许多女性在确定文胸尺码和一般情况下购买文胸时的

---

[1] 维他命商店（Vitamin Shoppe）是美国一家著名营养保健品零售商。——译者注
[2] 美国健安喜 GNC 为全球著名营养食品公司，在全球拥有 5000 多家连锁店。2020 年 6 月 24 日，GNC 基于美国破产法第十一章申请破产保护，计划出售公司并关闭所有门店。——译者注

压力。ThirdLove 还推出了半罩杯，根据真实女性尺寸来设计产品，提供 78 种不同的文胸尺寸。

问：我记得你说过，为了更好地为消费者服务，品牌提供的选择不是应该越来越少吗？78 种尺寸如何聚焦？

虽然 ThirdLove 的种类繁多似乎与聚焦的理念相矛盾，但以包容性原则提供更多选择的品牌，无论是尺码还是肤色，就不会像那些无缘无故提供无穷无尽产品种类的品牌那样落入同样的陷阱。毕竟，单个消费者很少会选购多种尺码的商品，而是在寻找适合自己的尺码。而 ThirdLove 就是为了帮助她们找到它。在 ThirdLove 这样的品牌出现之前，女性想要得到一件合身的文胸，唯一的选择就是去偏僻狭窄的内衣店。众所周知，这些内衣店的女售货员们对于个人空间和隐私的处理非常自由随意。那种购物体验太离谱了，虽然电视节目《大城小妞》(*Broad City*) 对此举进行了恶搞，但人们仍然不辞辛苦地接受这种专业的购物指导，尽管很紧张。

现在，女性可以在舒适的家里得到专家的推荐，这是品牌为消费者创造的有针对性的服务。这揭示了一个反复出现的主题，即品牌如何成功地与当今的人们建立联系。今天，成功的品牌积极接受市场买卖双方力量变化的事实：现在比以往任何时候都更是一个买方市场。

"选择越多越好"的观念是错误的，因为提供更多的选择对消费者没什么好处。在面对如此多选择的情况下，消费者几乎看不到选项之间的区别，更有可能造成决策失灵，而不是产生被品牌理解的感觉。当然，人们可能喜欢挑选一种颜色，但是又有谁会喜欢在摆满了牙膏的货架通道里享受时光呢？或者更糟糕的是，在婴儿配方奶粉这样的行业中，父母被迫在提高免疫力和易消化等好处之间做出选择，然而这两个好处似乎都很重要。这些选择中的许多都是为了向外传达品牌的"全新新闻"（new news，即每年为广告业提供资金的冗余新闻），或者是为了在零售环境中占据更大的市场空间。但是现在，品牌可以接触到它们真正需要的人，这些人会在手机上立即下单购买他们的产品。在品牌与消费者之间的关系达到如此精确的程度后，就要求品牌信息及其提供的产品必须同样清晰。品牌不是通过考虑每一个可能的需求和偏好来吸引尽可能多的人，而是从一开始就通过一个比任何产品都重要的共同理念与正确的人建立联系。随着时间的推移，一开始的聚焦为品牌的成长和消费者的执迷奠定了基础。

> **记住：**不仅要努力弄清楚你是谁，还要努力弄清楚你不是谁。这能让你清楚地知道你所代表的是什么。不是每个人都会爱你，但爱你的人会被迷住。

6
重新定义期望

首先，我得很抱歉地承认我在大学时曾对彩色的新款iMac大加抨击。那是1998年，苹果刚刚发布了糖果色的台式电脑，当它们开始出现在越来越多的宿舍里时，我的第一反应是觉得可笑。为什么会有人想要一台色彩鲜艳的电脑呢？这也太傻了吧，太突兀了，感觉不像是一项严肃而强大的科技。我和我的朋友詹姆斯分享了这些想法，他对我说："过去所有的伞都是黑色的。"这是一个如此简单的陈述，但一下子点醒了我。为什么一个人需要默认一直以来的做事方式？更重要的是，如果可以把原本平淡无奇的东西变成更有趣、更美丽的东西，我们就应该抓住这个机会。又过了几年，我才换成了Mac电脑，但从那以后，我对那些与主流相悖的品牌有了新的鉴别力。我开始寻找那些让我走出舒适区，在我意想不到的地方与我建立联系的品牌。我现在也总是选择有趣的颜色，如我的雨伞就是亮黄色的。

品牌改变了一切

从只推出一种风格，到重新思考命名惯例，再到将情感引入原本由功能定义的品类，今天的成功品牌正在书写一部新的传奇。事实上，许多品牌的成功都来自他们有胆量彻底地重新想象企业的行为方式。"颠覆"这个词已经成为创业公司的陈词滥调，但不可否认的是，这些品牌正在以各种方式颠覆现状。与我们合作的大多数客户都希望从根本上改变消费者对某一品类的看法和行为，如果他们不是要创造一个全新的品类的话。人们过去常常根据特定的需求在药店购买洗发水和护发素，而现在他们可以通过 Prose 在网上定制。人们过去常常在百货商店支付过高的价格，而现在他们可以通过 Snowe 买到优质的家居用品。当然，优步和来福车虽然不是红鹿角的客户，却是很好的例子，它们极大地改变了人们在订车和乘车结束后的付款方式，以至于有时当我乘坐一辆黄色出租车后准备下车时，会下意识地忘记付钱给司机（他们很无奈地告诉我，这种情况一直都会发生）。由此可见，这些品牌已经成功地改变了我们的肌肉记忆，消除了曾经我们在乘车结束后伸手拿钱包的条件反射。

技术创新是这些广泛的行为转变的一个关键因素，但品牌是推动这种转变向前发展的引擎。如果没有一个受人喜爱的品牌，从一开始就与人们联系在一起，让"新的"感觉不仅是愉快的，而且是令人向往的，那么就很难让大量人群接受用一种不同的方式来做他们一直在做的事情。事实上，有些品类的行为根深蒂固，很难想象会有什么不同,除非有一个品牌出现,改变一切。这些企业通过打破既有规则而取得成功,并不是偶然的,而是有目的的,其中对顾客总是有利是关键。从产品到故事,他们用实际行动证明了有更好的方式创建品牌,包括更好的客户服务、更大的透明度和更愉快的购物体验。这也常常意味着一个受人喜爱的品牌将引导一个以前完全不是由品牌驱动的品类。也许最终的颠覆是证明品牌在以前似乎不重要的领域很重要。如今,所有"不性感"的功能品类都可以买到:隐形眼镜、租房保险,等等。但没有哪个品类比床垫更能被品牌颠覆。

Casper是如何改变睡眠规则的

床垫品类在过去五年里发生了翻天覆地的变化,人们很难记得它曾经是什么样子,而品牌正处于这种转变的中心。如今,打开脸书,你会发现一场关于床垫的激烈讨论,每个人似乎都在发表自己的观点。"朋友们,我在考虑买一张Casper床垫——值得大肆宣传吗?""Leesa和Tuft & Needle[①],更推荐哪个?"问题发布后,评论如雨后春笋般涌现,其热情不亚于世界杯或奈飞[②]的最新剧集。每个人都在为他们推荐的选择点赞,赞美它是多么舒适,价格是多么合理,送达的速度有多快,最重要的是赞美因为它睡眠变得多么好。

[①] Leesa和Tuft & Needle都是床垫电商品牌。——译者注

[②] 奈飞(Netflix)是一家会员订阅制的流媒体播放平台,总部位于美国加利福尼亚州洛斯盖图,成立于1997年,曾经是一家在线DVD及蓝光租赁提供商,用户可以通过免费快递信封租赁及归还影片实体光盘。——译者注

但有一段时间，就在不久前，没有人谈论床垫。虽然它是每个人都需要的东西，但很少有人考虑或关心它，至少从品牌的角度来看是这样。事实上，除非你拥有一张泰普尔（Tempur-Pedic，美国床品巨头品牌）床垫或花了1万美元在海丝腾（Hästens，手工床垫品牌）上，否则你可能连说出你的床垫品牌都很难。（我想是S打头品牌中的一个？是Serta①吗？）你很可能是在Sleepy's这样的展厅或者可能是在百货商店买的，后面跟着一个过分热情的售货员。你可能会被这样或那样的花招迷惑，在每张床上都躺几分钟，然后就把整个星期六的时间都浪费在这件无聊的差事上。所有这一切的感觉不仅是完全正常的，而且是必然的——你怎么能不试一试就买一张床呢？这是你家里最昂贵、最重要的物品之一。一旦你买了它，只不过就是一次次更换床单而已，直到十年后你才会再次进入市场。

当Casper团队来到我们办公室时，这家公司还不叫这个名字。五个人组成的团队中有几个是我的联合创始人杰比在一个加速器项目（是指有抱负的创业者申请的项目，他们放弃部分业务以换取资金、资源和人脉）上演讲时认识的。在杰比遇到他们的时候，他们正在研究他们的第二个商业项目（Casper将是第三个，当然也是最有魅力的一个）。双方坐下来的那一刻，我们就知道他们有了新的想法。这个想法是：打造一款顶级床垫，并在网上以极低的价格直接卖给消费者，没有任何多余的推销。首席执行官菲利

---

① 舒达（Serta），全球性专业的健康睡眠品牌。——译者注

普·克里姆（Philip Krim）之前有在网上销售床垫的经验，他充满激情地谈到了不必要的中间商、加价和低效率，这些最终只会伤害顾客。负责工业设计的杰夫·蔡平（Jeff Chapin）正在研究一种专有的泡沫混合物，这种混合物不仅非常舒适，避免了记忆泡沫的典型缺陷（有太多的塌陷和太多的热量散失），并且还可以压缩并装在盒子里运输——这无疑是非常关键的，因为这将是一项电子商务业务。此外，由盖比·弗拉特曼（Gabe Flateman）负责技术，尼尔·帕里克（Neil Parikh）负责运营，卢克·舍温（Luke Sherwin）负责品牌。

不过，问题是这能做到吗？即使一切都准备好了——一流的产品、一流的团队、一流的客户服务、实惠的价格，如果没有机会尝试，你如何才能真正让人选择购买一张不知名品牌的床垫呢？所有人都知道在展厅里那三分钟的时间对于保证未来睡眠的快乐至关重要。如果展厅体验是某种形式的快速配对，那这是什么？盲目包办婚姻吗？每个人都有相同的配偶？

他们的成功还有另一个关键部分。一开始，Casper只打算卖一款床垫。没有柔软的、中等的、坚硬的等型号，没有那些模糊的指标，比如"700"，或者床垫的一半硬度是"700"，另一半是"800"。Casper团队确信，睡眠者呈钟形曲线，大多数人都是更喜欢中等硬度的睡眠者。对此一开始我是持怀疑态度的。但他们提出了一个很好的观点——想想那令每个人都觉得很舒服的酒店床和自己家里的床有什么不同？更不用说他们有一项统计数据表明，在展厅第一次试用床垫的人实际上不太可能对他们的购买感到满意。Casper 的战略是先推出一款床垫，然后扩展到多个床垫产品组合，以及床单、枕头和其他产品，这是一个完美的例子，说明了聚焦如何推动牵引力，为品牌未来的增长铺平道路。

许多投资者最初持怀疑态度，但 Casper 团队知道，现在是时候颠覆这个陈旧的行业了。直接面向消费者的模式开始显现出巨大的吸引力，沃比·帕克等公司证明，曾经被认为是严格意义上必须面对面购买的眼镜等商品也可以在网上销售。当然，Casper 无法模仿沃比·帕克的足不出户、在家试戴模式，那他们打算做什么——运五个床垫，然后让消费者把他们不喜欢的送回去？这在像床垫这样功能性的和"不性感"的品类中还没有成功过。到目前为止，运用此法取得成功的主要还是配饰和时装，但这也是一个机会。成功的关键是在一个缺乏品牌忠诚度的品类中打造一个受人喜爱的品牌。Casper 团队从一开始就知道，品牌是成功中的关键一环。这是一个令人难以置信的品牌，在此之前没有一个伟大的品牌这样做过：这就是为什么人们会信任这家不知名的公司，愿意冒险在网上订购床垫。尽管 Casper 团队那时还没有最终的名字，甚至连床垫的设计都还没有，但我们（红鹿角）还是参与了这个项目。

测试的局限性

我们知道，为了成功，我们必须彻底打破以往的规则。因为 Casper 打算以一种全新的方式销售床垫，我们需要建立一个占据独特空间的品牌，以吸引人们的注意，并说服人们以不同的方式思考自己当前的行为。对于Casper这样的新锐企业来说，品牌有两个角色：一是让人们感到未被满足；二是用新的方法吸引顾客。同样，这是关于在新颖、刺激和熟悉、舒适之间取得平衡的尝试。人们自己未曾意识到这就是他们所要寻找的解决方案。

正如我已经说过的，新事物既是一种优势，也是一种劣势，特别是当人们习惯了以某种方式运作的事物时。所有品类的商品或服务，特别是那些存在已久的商品或服务，都有自己的一套既定的内涵和传统，随着时间的推移，每个品牌都会占据与其他品牌大致相同的空间。只有一些微妙的差异——这就是你区分品牌的方式——但每个人都遵循着同样的一套规则。一旦有一个品牌能够打破那些既有规则，并实施了新的规则，那么它将会非常成功。你曾经走在清洁产品的过道上，所有的包装上都是明亮的太阳光环，直到美方洁（Method，环保型清洁产品品牌）以其圆滑简约的设计出现，并设定了一个新的标准。苹果也是一个典型例子，它不断地打破其品类的规则，从而获得了巨大的优势。从包装到广告，科技产品几乎总是通过它们的功能来销售，花哨的东西越多越好。但苹果采取了完全相反的方式，其低调优雅并专注于设计，能够将一个硬件产品变成人们渴望的对象，以至于人们更关心品牌而不是产品。

然而，打破规则绝不是那么简单，其中存在着令人胆战心惊的风险。这也是为什么如此多的品牌，甚至是新锐品牌，都坚持走老路的原因。当公司过度依赖消费者测试时，要走出这条路就更难了。特别是对于传统公司来说，测试往往是每一步都要进行的。要想让一款新产品上架，你首先要测试产品概念。在测试中描述新产品或服务（有时还会附上样本视觉效果），衡量消费者的兴趣——要么是在焦点小组中测试，要么是在线调查，或者两者兼而有之。测试的作用是在投入产品研发之前，你可以确定你手中是否有一个潜在的成功想法。但对于一个真正具有开创性的想法来说，你可能会面临被错误否定的风险。毕竟，如果人们看到一家名不见经传的公司的描述，这家公司只在互联网上销售床垫，装在盒子里发货，没有可爱的品牌和漂亮的网站，没有媒体报道和用户口碑，他们会认为自己会喜欢上这样的产品和服务吗？

同样的风险也存在于当一个品牌推出一个"最低可行性"或有竞争力的 1.0 版本的时候，看看它是否能坚持下去，然后再投资全面推出新品。虽然这在某些品类中可能会奏效，但对于一个试图打破消费产品规则的品牌来说，这是极其困难的。如果 Casper 推出了一个基础的、几乎没有品牌效应的网站，上面只有库存照片，试图向人们出售一张棕色纸箱装的售价 850 美元的床垫，它会成功吗？会占据竞争对手难以追赶的领先地位吗？Casper 从第一天起就专注于品牌，这使它能够开辟新的天地。

但在推出之前，打造品牌每一次飞跃都需要信心满满。过去，产品通过概念测试后，会围绕产品形态、包装、命名和标志设计以及广告活动进行一系列额外的调研。对于许多传统公司来说，它们的产品排列在货架上，在我们的家中也随处可见，如果不经过广泛测试每一个创造性的决定，那么任何产品都不会发布。有人可能会认为这是一件好事，因为公司把消费者的声音放在了第一位。但实际上他们是把公司的需求放在了第一位。测试被用来抵消风险，证明决策是合理的，并在内部推销选择（如果产品测试做得很好，当它失败时，你就不太可能被解雇）。但这种方法很少能带来更好或更有效的创造性产出。

问：如果没有数据支持，企业如何才能对决策充满信心？

在产品开发的早期阶段，当你试图了解你的目标用户，更深入地了解他们的需求，找出需要解决的问题时，研究可能是非常有价值的。测试在真实环境中非常有效，如发布两则脸书广告，看看大家会点击哪一个，或者测试 A/B 两个不同版本的登录页面，看看哪个版本的转换率更高。这样并不会有误报或漏报的风险，因为你得到的是实际结果。但是，如果你在发布之前测试每一个决定，就不可能创建一个完全重新定义其品类的品牌。因为在测试环境中，消费者很少能识别出真正吸引他们的是什么。例如，展示一个包装，让消费者依据其重要性列出产品功能的排名，他们可能会说它们都很重要。这就是为什么你会把 17 个不同点都摆到消费者面前。然而，你无法预测到的是，他们在商店里实际上会被那个看起来与众不同的简单、优雅和干净的包装盒吸引。又比如说，如果测试用一首有趣的流行歌曲来描述一则广告，人们可能会说它没有提供足够的信息，但当他们在电视上看到真正的广告，他们会有情绪反应并在几天后就会记住它。

测试标识或名称等核心元素就更难了。消费者最初几乎总是被最熟悉、最直白、最容易理解的东西吸引。这是因为他们被要求做出理性的评估,而不是情绪化的反应。他们会选择能够最贴切描述企业业务的名称,尽管正如我所说的,随着企业的扩张,只包含字面意义的名称最终会暴露其局限性。他们也会选择一个最能真实反映企业所销售产品的标识,但这就错失了挖掘设计潜意识力量的机会。不过,并不是说消费者不知道他们想要什么,只是他们很难表达对全新事物的渴望,特别是在测试环境中,当你从未被告知那东西可能是什么的时候。

当然,熟悉也有其优势和保障,这是不应该被忽视的。如果消费者习惯于将特定的东西与特定的外观和感觉联系在一起,从"牛奶盒"到"医生办公室",这种熟悉感有助于创造一种信任感和决策的简易性。人们有他们信奉的惯例,这些惯例为他们的生活提供了一种稳定感和舒适感。正是这些根深蒂固的规则让一个品牌在打破常规时变得如此引人注目、令人兴奋。但是,仅仅为了不同而不同是行不通的。你不能仅仅因为其他人都在走下坡路就胡乱改变——如果你真的可以这么做,那么创建一个成功的品牌可就容易得多了。你只要看看其他人都在做什么,然后做完全相反的事情,就像乔治·克斯坦萨(George Costanza)在《宋飞正传》(*Seinfeld*)中违背自己的直觉一样。但这并不像选择黑麦鸡肉沙拉而不选择金枪鱼吐司那么简单,而且当其他人都在向右行进的时候,你却向左转向是有风险的。通常情况下,竞争之所以在这样的地方产生,是有充分理由的:在许多情况下,这是品类引领者多年来研究和改进的结果。他们知道什么是有效的，并且在许多情况下，他们创造了可行的产品。

你必须有一个很好的理由来打破规则、打破市场对你的预期，你需要确定在哪些地方你会利用熟悉和舒适。换句话说，你需要一个植根于消费者事实的策略。当你的目标是改变一个品类或者创建一个新的品类时，你必须首先思考：什么是人们没有拥有但人们真正关心的？你如何才能创造出一个既不同于原有产品又能引起共鸣的独特产品或服务？制定 Casper 的品牌战略时，一开始我们认为要把重点放在提升购物体验的愉悦感上。对于装在快递盒里的电商床垫来说，这是一个显而易见的方面：网上下单是最简单、最容易、最快的"入睡"方式。但当开始创造性地探索这个想法时，我们才意识到我们遗漏了一些东西。如果我们想要在一个迄今都是功能性和非个性的品类中打造一个受人喜爱的品牌，我们就不能把这个品牌依旧建立在一个追求超级实用和便利的想法上。是的，便利是 Casper 的好处之一，但如果你一开始就不想要床垫，你真的会在意床垫很快就到了吗？

Casper 看到了一个可以实现更大目标的机会。从第一天起，Casper 的创始人就未曾打算创办一家床垫公司，他们想创办一家睡眠公司。所以自然要问的问题是：为什么睡眠很重要？睡眠在我们的生活中扮演着什么角色？ Casper 团队当然花了很多时间研究睡眠问题。在床垫展厅里溜达一圈，你就会看到各种各样关于如何获得人类所知的最佳睡眠的承诺，更不用说大量的行话了，包括商标术语、临床证明的主张、海绵研究领域的各种突破等，这些行话可能植根于真正的科学，也可能并不科学，但这足以让你想要爬到被窝里。在如何睡个好觉的问题上，没有人关注晚上睡个好觉能给你带来什么。睡眠问题并不在于我们在床上度过的6个、8个或10个小时。毕竟，如果一切都按计划进行，你在那段时间里甚至都没有意识。睡眠之所以重要，是因为人们醒来时的感觉以及这对他们一天剩下的时间意味着什么。睡眠的力量在于它给人们清醒时的生活带来了什么。Casper的品牌战略就变成了"更好的睡眠会带来更有趣的生活"，团队开始建立一家睡眠公司，拥抱睡觉和起床之间的二元性。

从那以后，每一个创造性的决定都是为了更好地实现睡眠在你梦想生活中的作用。从这个角度看，这不仅仅是关于产品的问题，而是关于产品如何融入一个更大的故事中，这个故事是关于人们是谁以及他们想成为谁。在品牌创建、寻找每一个与过去做法差异化的机会过程中，这种方法影响了每一个关键决策。因为这家公司是从电子商务起步的，所以大量的注意力放在了网站本身——找到许多让人惊讶的小瞬间，打破了人们对床垫公司的期望。没有使用枯燥的行话来描述硬度，而是图文并茂地展示了从钻石到明胶模具的光谱，Casper恰好位于光谱正中间。创始团队的简历可以在"白天"和"夜晚"之间切换，揭示出他们作为普通人和作为睡眠者的身份。照片避免了有关人们在床上快乐做梦的经典画面，取而代之的是展示了人们进行各种稀奇古怪的活动，比如在床垫上从阅读关于观鸟的书籍到打迷你高尔夫球。

还有床垫本身。床垫很少暴露在外面，其外观大多都是白色的漩涡图案或普通的米白色海绵。Casper看到了创造一个标志性设计的机会，即使它大部分时间都被床单和毯子覆盖着。Casper的产品团队执迷于如何让床垫看起来像是未经加工的，尽管他们知道它很少看起来是那样的。他们创造了双色调的设计，为这个品类设定了一个新的风格，并增加了一个小品牌标签，这个标签更像是你在毛衣或牛仔裤上会看到的东西，而不是床垫上。这个标签虽然很小，几乎总是被掩盖着，但对Casper来说，这是一个重要的创造性决定，因为它标志着人们得到的不仅是一张床垫，还是一个品牌。事实上，可以说正是因为床垫的隐蔽特性与Casper对细节的关注，加深了Casper与客户的联系：设计就在那里，只为你而设。最后，还有一个包装盒。与床垫不同的是，包装盒是一个获得最佳知名度的机会，也是Casper最强大的早期营销工具之一：标志性海军蓝和白色条纹不仅向收到床垫的人宣告了Casper这一品牌，也向每一个走过路过的邻居宣告这里有一些不同的、值得注意的东西。

活在梦想中

Casper在推出后一直致力于打破人们的期待。Casper是以改善客户体验为导向的，打破规则将对消费者有利。例如，推出后不久，Casper便有机会以折扣价购买纽约市地铁媒体广告。在当时，地铁充斥着整形外科医生和牙医的一次性广告，以及捷蓝航空（JetBlue）等老品牌的车厢整包广告。车厢整包广告是指一个品牌购买一节地铁车厢内的每一块面板，以覆盖整个车厢。对于那些没有去过纽约市的人来说，车厢整包广告将产生更大的影响。无论你朝哪个方向看，你都会看到来自同一家公司的广告，所以你一定会注意到的。在某种程度上，车厢整包广告成为最佳实践选择，如今，你很少会发现自己在一个挂着大量不同广告的车厢里。整包广告的标准格式是（希望是）各式各样巧妙的标题组合，每个标题都呈现了业务的亮点，每个面板上都有相同的品牌标识。当Casper决定在地铁上投放广告时，我们几乎没有时间构思创意，更没有时间制作，但我们不想看到和其他品牌一样的广告。

当时，Casper只上市销售一款床垫，所以我们决定通过广告来证明Casper的这张床垫几乎可以适合所有的睡眠者。想要说服人们相信"在互联网上订购床垫也会睡得非常开心"，可以通过标题传达有效信息，比如床垫有多舒服，或者人们有多喜欢这个床垫，或者其他任何Casper想让人们知道的事情。但Casper并没有选择这么做，它开创了将床垫作为"礼物"送给所有纽约人的广告。广告的想法是为了在人们一天中最需要的时候（被困在一辆拥挤的汽车里，飞驰在黑暗的隧道里，抬起头来拼命避免与其他乘客的目光接触）为他们提供一个娱乐和有趣的时刻。我们是为所有从睡在Casper床上受益的不同类型的用户服务的。

我们没有把重点放在"侧卧"或"仰卧"或任何与床垫功能相关的东西上。取而代之的是，我们创作了一系列插画，生动地展现了纽约人的古怪和多样。我们与艺术家Tomi Um合作，他的标志性风格成为Casper品牌的核心辨识元素。通过Tomi，我们打造了丰富多彩的"演员阵容",其中包括情人(两只考拉熊)、当地人(一只老鼠、一只鸽子和一只正在吃比萨的松鼠)、酷人(雪人)等。当然,所有人都在家中的 Casper 床上,这是"每个人都能享受到的完美床垫"。这些广告活动背后的想法是让乘客发现无尽的惊喜,从而让他们感觉上班的速度更快了些。你在车上无法看到标题,你必须要走近一些欣赏插画,发现隐藏在细节中的幽默。突然之间,被挤到边上并不是一件坏事,后来人们甚至经常主动从拥挤的车厢中挤过去,以便阅读所有插画的内容。我们多次更新了这版广告:首先添加一组新的角色,然后是一系列新的故事,展示当你"唤醒最好的自己"时会发生什么(包括一只狼最终炸毁了小猪的房子,一个公主醒来后骑着一辆轻便摩托车离开,而无须等待王子出现去进行传说中的亲吻)。我们创建了复杂的游戏参与型场景广告,要求乘车者通过寻找"一天中更多的小时"(隐藏的钟表插画)或"天上更多的馅饼"(当然是隐藏的馅饼!)来参与活动。

　　Casper 的广告活动很受欢迎,因此有许多其他品牌试图效仿,推出自己的可爱插画,但它们忽视了对细节的关注,只是设法让人们开心,而没有其他意义。每一幅插画和相应的配文都让人着迷,不是因为它们传达了关于 Casper 是什么的信息,而是因为它们的幽默,它们的惊喜,以及它们在上班路上点亮他人的能力。当然,广告中使用幽默并不是什么新鲜事。近一个世纪以来,广告商巧妙地编织了有趣的故事来传递营销信息,就像用一勺糖让新型特效夜间止咳药得以下咽一样。有时,广告与他们销售的产品几乎没有关联,这是一种积极的联想策略——广告让你微笑,所以你也会带着美好的感觉记住这个品牌。这种做法可能会失效——我相信每个人都有过"非常喜欢一则广告,却不记得它推销的是什么"的经历,特别是在超级碗(Super Bowl)①期间。但Casper活动与之不同之处在于,无论消费者是否知道,这项工作背后的动机都不仅仅是为了品牌的利益,它是关于利用每一个机会创造超出消费者预期的体验。

保持新鲜感

问:当一家企业不再是挑战者而是领导者时,它怎么能继续打破规则呢?

打破常规的品牌面临的最大障碍之一是如何在成长过程中保持叛逆精神。如今,许多品牌都是针对一个品类推出的——他们看到什么是坏的、过时的或低效的,就开始着手修复它。当一家企业规模还小、生意兴隆、创建不久的时候,更容易无视惯例、重新思考做事的方式。因为你不仅可以在更少的利益相关者参与每个决策的情况下更灵活地行动,而且损失也会更少,所以也会更愿意去承担必要的风险。你必须采取大胆的行动才能引起人们

---

① 超级碗(Super Bowl)是美国职业橄榄球大联盟的年度冠军赛。超级碗一般在每年1月最后一个星期天或2月第一个星期天举行,那一天称为超级碗星期天(Super Bowl Sunday)。超级碗多年来都是全美收视率最高的电视节目,并逐渐成为一个非官方的全国性节日。另外,超级碗星期天是美国单日食品消耗量第二高的日子,仅次于感恩节。

的注意，否则你从一开始就无法起步。随着这些初创企业开始取得成功，它们不可避免地会筹集更多资金，销售目标变得更加积极，投资者的期望值也会飙升。例如，为了避免同类产品的促销价格战，一家企业可能一开始会不提供折扣而选择情感共鸣、娱乐性的广告。但随着时间的推移，由于一个品牌需要继续增长，一个合适的有竞争力的报价带来的销售额增长会变得非常诱人。

这是许多初创企业面临的一个持续不断的难题——如何在引人注目的差异化品牌建设和更具功能性（有时更能立即激发人）的有力信息之间取得平衡。Casper 的创始人之一卢克·舍温有一个我经常想到的绝妙比喻。他认为，Casper 的"品牌资产"可以看作是罐子里的弹珠（换句话说，人们对这个品牌的热爱，是因为它以各种方式取悦他们）。每当一家企业投放促销广告或任何直接专注于推动销售的沟通方式时，都相当于从罐子里拿出一颗弹珠。你可以把弹珠拿走，但你也需要继续把罐子装满，否则最终你就没有更多的商誉可以借用了。因此，如果你打算投放一大堆"优惠 10 美元"的广告，或许也是时候投资一个实验性的快闪店了。

只有当新锐品牌接触到最初因其叛逆精神而爱上它们的消费者，然后发现自己需要将受众扩大到那些可能更喜欢传统购物方式的人之后，才会发现成长变得如此困难。是否能够找到按自己原有方式成长的方法就是那些仍旧保持着讨人喜欢的叛逆精神的品牌和那些有一天醒来发现自己已经成为和"父母"一样的品牌之间的区别。数字原生品牌成长道路上最重要的岔路口之一是在进军实体零售的时候。从表面上看，直销品牌开设实体店似乎令人惊讶。因为这些品牌大多（如 Everlane）在初创时所描述的故事都是关于在线销售带来的效率，有意将自己与传统的实体店相抗衡。它们强调了消除中间商和移除基础设施带来的成本节约，以及便利性。但是，它们都开了自己的商店。

问：为什么数字原生品牌要进军实体零售业？这难道不是本质上与它们整个颠覆性的商业模式相矛盾的吗？

进入实体空间往往要有很强的商业理由。你能够以一种不同的方式建立知名度，并接触到一群全新的用户，这些人可能不经常在网上购物，或者可能不愿意在网上购买你的产品。此外，如果处理得当，实体店体验还能提供令人难以置信的、无与伦比的品牌建设机会。不管一个网站设计得多么漂亮，虚拟空间也没有办法让你用所有的感官体验一个品牌。但这只有在你继续打破规则，而不是成为你打算颠覆的那种类型的企业时才会奏效。

推出实体店对 Casper 来说尤其棘手，因为传统品牌故事中关于床垫展厅的体验大多是不愉快的。我们写了一篇文章，质疑顾客为什么要在展厅刺眼的灯光下躺在床垫上三分钟，而不选择先试试在家躺在 Casper 床垫上度过 100 个晚上，以突出 Casper 的百日退货政策。Casper 床垫适合大多数睡眠者，顾客不需要在一个咄咄逼人的推销员的注视下尝试 15 种不同的床垫。我们创造了一个完整的品牌体验，旨在让人们走出展厅，躺在一张能让他们的生活变得更好的床上。但随着 Casper 的成长，人们开始有机会亲自尝试这款床垫。虽然大量的销售已经证明，确实可以在网上销售床垫，但仍然有更多的人需要说服，包括那些喜欢这个品牌但想知道这款床垫是否真就那么好的人。早些时候，Casper在纽约和洛杉矶有几个小型实体店，人们可以来这里体验床垫，但这些实体店更多是作为客户体验的销售工具，而不是被视为更大零售战略的一部分。Casper知道，当它不可避免地要进军零售业时，它将不得不以一种新的方式继续超出预期。

Casper开始尝试开一些快闪店，但它进军线下市场的第一次引人注意的尝试并不是在一个地点，至少不是固定意义上的位置。创立一年后，Casper推出了"移动午睡舱"（napmobile），这是一款配备了Casper床垫、床单和枕头，有着四个独立睡舱的流动卡车。这款"午睡舱"在美国和加拿大展开了午睡之旅，在一些城市停留，为各地的瞌睡虫提供在线预订或直接去小憩。每个吊舱里都有一个计时器，上面有代表着日出和日落的灯光，甚至还有一个可以听睡前故事的音箱。当Casper推出它的狗狗床垫时，小狗们也可以在"午睡舱"里打个盹儿。超过一万人参加了午睡之旅，这让他们有机会不只是躺在Casper床垫上，而是在一个和传统床垫商店相差不大的环境里睡觉。"午睡舱"成了社交媒体的热门，它带来的惊喜和喜爱远远超出了人们的期待，为品牌带来了意外收获。上一次有人在你的照片墙上发布他们去床垫卖场或者任何一家传统商店的照片是什么时候？

当"午睡舱"在全国漫游时，Casper正在精心规划其永久零售的方式，并于2018年年初在纽约市开设了第一家门店。Casper

不是把一排排床垫陈列给所有人看，而是在店内建造了半私密的微型房屋，每个房子里都有一张 Casper 的床垫，供人们休闲体验（目前提供的床垫已经扩展到三种不同型号）。Casper 在店里没有标榜复杂的行话，而是采取了一种更接近科学博物馆的方式，以直截了当、益智有趣的方式帮助人们了解其产品的特殊性。这家店给人的感觉更像是一种体验，一个你不知道拐角处还有什么可能而想探索的地方。品牌重塑并没有止步于此。在纽约苏豪区开设这家店几个月后，Casper 在附近开设了一家睡眠体验概念店——Dreamery，人们可以在那里预订小憩。Dreamery 在 Casper 门店附近，但除了睡眠本身，它不售卖其他东西。你可以在这里租赁睡衣、护肤品和各种专门为"让你入睡"而挑选的阅读材料。当然，Casper 肯定是希望一些在 Dreamery 小憩的人最终会在隔壁买下它们自己的 Casper。但 Dreamery 的意图不仅仅是一种销售工具或营销噱头。Casper 团队致力于"为所有人提供更好睡眠"的使命。从一开始，它就根植于"充足的睡眠是伟大生活的重要组成部分"这一理念，希望改善整个世界的睡眠方式。

即使 Casper 面临未来的挑战，但不可否认的是它已经取得了非凡的成就。我听过很多甚至还没有床垫的人告诉我他们有多爱 Casper。我前老板 5 岁的儿子就曾乞求妈妈给他的卧室买张 Casper。Casper 已经能够创造出一种比同类产品更具情感驱动性的联系，为一个品牌打开了一扇门。它打破了规则，从第一天起就创造了一个与以前完全不同的品牌，从而培养了人们对其的喜爱。为了驱使人们着迷，差异化是至关重要的，无论是在产品上还是在品牌上，但差异化也需要是有意义的。新鲜感不能只是一个吸引眼球的噱头，不然你有幸引起的最初的兴奋感仍会迅速地消失。要想让人们与品牌坠入爱河并持续相爱，一切改变必须是要对消费者有利的。业务需要创新设计，以新的方式满足人们的需求。品牌需要建立起来，以推动持久而有意义的联系。

> **记住：** 弄清楚你将在哪里以及如何打破规则，不要只是为了制造"噪声"，而是为了服务你的消费者。你能为他们做哪些他们以前从未经历过的更好的事情？

7
拥抱张力

大学的时候，我和朋友们经常玩一种叫作"两个形容词"的游戏。你必须想出两个词来完美描述你喜欢的"类型"。尽管这听起来有点书呆子气（也确实是这样），但这是一个有趣的、有启发性的小练习。有些人在玩这个游戏时表现得很糟糕，因为他们想出的词语组合没有精确的特点，像"有趣与随和""性感又火辣"这些组合太浅显平常了，并没有描绘出一种真实的、特定类型的人物形象。每个人都想和某个"有趣"的人在一起——然而，选择这个词并不能精确地描绘出你心仪对象的任何特点。好的答案，真正锁定"类型"的答案，绝对是意想不到的词语组合，但当这两个特征词语配对时，就会描绘出一个非常生动的人物形象，"傲慢又害羞"或者是"粗犷而滑稽"。回想当时，我从来没有想到我竟然可以用这种游戏思维谋生，但若干年后的今天，当我帮助品牌定义它们的个性时，早先的游戏规则时至今日仍然适用。最有趣的品牌，也就是那些人们着迷的品牌，都有内在的张力。它们利用的是惊喜的力量。

一致性神话

从历史上看,品牌 101①的第一课就是一致性的重要性——选择一个原则并坚持下去,决定你想表达的事情之后重复到无以复加,直到所有人由内而外地都深深记住它,这能让他们回味无穷。这种选择并非随意为之,因为明确的目标和坚定的信念对于表现诉求十分重要。但在 21 世纪,"一致性的实践"这一概念有新的含义。在信息传递和市场营销中,清晰度和聚焦点,或者说内部一致性与外部一致性不同。严格遵守外部一致性——即你在受众面前的展现方式——如果仅从字面意义理解,可能会有碍于品牌的成功推广。太多品牌认为它们需要保持一致性,无论出现在哪里,看起来一成不变,听起来也如此,就像政客(每个人都喜欢的类型)一样重复谈话要点。当只需要关注电视广告和包装时,这可能有效。但今天,我们有如此多的沟通渠道,每个渠道在人们的生活中发挥着不同的作用,在任何地方都以同样的方式行事变得不再有意义,也不再让人感到真实。

想想看,一个人在领英和脸书呈现出的形象和行为是如何的不同,甚至在照片墙动态(Instagram Feed)②和照片墙中是如何不

---

① "101"在俚语中,是一种营销手段,比如说一本书能够为你提供 100 条有用的信息,但却声称你实际上能从中得到 101 条有用的信息,即物超所值的意思,如有的书名是《做……101 条秘笈》《关于……的 101 个问题和答案》,故"101"理解为"简介、基础、常识、教程、通关大法、秘笈"等。——译者注

② Instagram Feed 是 Instagram 动态,又称信息流,好比刷抖音时系统推荐视频的页面。Instagram Feed 会推送你关注账号的内容和系统觉得你可能会喜欢的内容,后台系统认为你最关注的账号和喜欢的内容会在顶部显示。

同。所有形象都出自同一人，但没有人指责其分裂或两面派。很简单，因为每个频道都有自己的一套文化体系，宣扬不同类型的行为，人们也会相应地做出反应。如今的品牌也是如此。最受喜爱的品牌从一开始就知道如何调整自己的信息以适应不同媒体。这并不意味着这个品牌代表着许多不同的东西。事实上，拥有一个明确的、一心一意的战略也需要一个品牌能够根据它出现的场景来调整自己的行为。品牌朝着一个确切的方向出发可以有多种抵达路径。当一个品牌明确了它所代表的是什么，它就可以根据时间和地点的不同，自由地强调其目的和个性的不同方面，而并不会使自己代表的身份变得模糊。在烧烤时的着装可以与在鸡尾酒会上的着装不同，使其在每一个场景都很引人注目的是它无可挑剔的风格，而不是因为它变化的着装。

今天，成功的品牌不再停留在一条严格限定的赛道上，而是利用反差，将看似不太一致的想法拼凑在一起，形成一个独特的、专属的身份。当一个品牌只以一种每个人都期待的方式行事时，它就失去了带来惊喜的魔力。那些脱颖而出的品牌是挑战人们期望的品牌，它们创造了更丰富、更微妙的世界，并不断提供其他值得发现的东西。当我们开发一个新锐品牌时，制定战略时的一个步骤是定义品牌的"个性"，即它的行为方式。客户通常会要求我们加入"值得信赖"一词，而我们则反驳说，信任只是桌上的筹码，对开拓新领域毫无帮助。而且，我们每次都很容易依靠同样的品质——信赖、自信、直觉。尝试去打造一个不想被视为值得信赖的品牌，这并不是说让品牌被认为值得信赖并不重要。相反，它是如此重要和如此明显，以至于无须去强调。我们试图找到一组对比强烈的词汇，创造出前所未有的组合，确保品牌具有丰富性和细微差别，就像我过去和朋友玩的"两个形容词"游戏一样。例如，Casper 是一个可爱的开拓者。它的创新植根于开创性的研究，它的工程师团队认真地改变床垫品类，但这个品牌也是可爱、迷人和诙谐的。对于我们创建的每个品牌，我们都会寻找那些会带来难忘体验的紧张时刻。那些拒绝张力而偏爱一致性的品牌最终会陷入平庸的尴尬境地。正是意想不到的层次让事情变得有趣，并让人们不断成为回头客，特别是当他们具有这么多与品牌发生联系的方式时。

如何利用反差特征来打造自己的品牌

接受个性的多个方面（特别是相互矛盾的方面）的品牌，最终会创造出更丰富、更有活力的体验，你可以在 SoulCycle 这样的品牌中看到这一点。SoulCycle 在改变健身领域方面发挥了重要作用，激发了大量高端健身工作室随之改变的想法。2006 年，当 SoulCycle 在纽约开设第一家健身房时，动感单车项目并不新颖。自 20 世纪 90 年代初以来，健身房就开始提供动感单车课程，然而几十年的时间里，固定着的动感单车一直是健身房里的"吸尘装置"。但 SoulCycle 的创始人朱莉·赖斯（Julie Rice）和伊丽莎白·卡特勒（Elizabeth Cutler）创造了一种不同于以往的体验。如果你把 SoulCycle 品牌的各个属性分开来研究，很难想象它们怎么能结合在一起。SoulCycle 是一首反义词的交响乐。

首先，是奢侈与包容。一方面，一节课 36 美元，毫无疑问，SoulCycle 是一个奢侈品牌。常规课程可能都快比高端健身房的会员课程还要贵。奢侈品通常伴随着一种稀缺的光环：受欢迎的教师课程几乎在网上开课的瞬间就人满为患。进入 SoulCycle 可能比进入一家新开张的热门餐厅更难，这就解释了为什么有些人愿意支付 Soul Early 的费用（这一功能允许提前预订，每辆自行车额外支付 15 美元）。工作室本身也给人一种奢侈的感觉：明亮的白色墙壁和鲜花，看起来更像是高端精品店或水疗中心，而不是健身场所。

另一方面，SoulCycle 是极具包容性的。无论您身在何处，SoulCycle 都欢迎您。前台的工作人员总是带着友好的面孔亲切地问候常客，并帮助新顾客做好准备。从哲学上讲，这不是一个只为超级健康或超级苗条的人准备的地方，正如它在网站上所说的那样，它"拥抱了每一个灵魂"。每节课开始时，教练都会欢迎新的骑手，并向他们保证，随着时间的推移会变得更容易。事实上，该品牌更注重个人转变和潜能，而不是燃烧卡路里。教练经常提醒他们的学员，他们骑的是一辆哪儿也去不了的自行车，因此应该玩得开心。通常的逻辑可能是奢侈和包容这两个概念不能也不应该共存。但这种反差并不会让 SoulCycle 的狂热推崇者感到矛盾。今天的消费者想要感觉到自己是某种特别事物的一部分，并想要受到其欢迎。那种"我不想加入任何一个要我加入的俱乐部"的日子已经过去了。奢侈摒弃了过去的势利、排外、冷漠，已经变成一种可体验的价值。能够负担得起 SoulCycle 的人会购买它的课程，因为它提供给他们的东西值得额外的费用——这是一种他们在其他地方得不到的感觉和体验，而这种感觉的一部分就是自信感。

其次，是严肃与坚韧。SoulCycle 的品牌理念是如此严肃，外人几乎会觉得其理念像是教条。它将自己描述为一个"避难所"，一个"可以通过骑行穿越一切苦难的安全空间"。健身房里点着蜡烛，墙上挂着写有"咒语"的条幅，上面写着"我们吸入意图，呼出期待"，教练还会在每节课结束时和每个人击掌。甚至 SoulCycle 这个名字本身就暗示着一种精神承诺，难以与硬核锻炼联系在一起。但该品牌也有一种强硬的品质，这让它不会让人觉得太"空灵"。音乐响彻整个空间。最好的骑手争夺前排的自行车，新骑手被鼓励坐在后排（《纽约时报》甚至在 2015 年写了一篇关于前排地位的报道，SoulCycle 售卖印着"前排"的背心）。虽然官方标识是一个黄色的自行车轮子，但实际上大部分的齿轮上都印有骷髅头和交叉骨骼，这是给该品牌带来了叛逆和摇滚明星气质的次要标志。SoulCycle 这种独一无二的结合令人兴奋且极具竞争力，创造了一种在其他地方很难复制的体验。

这不仅仅是表面的："咒语"和头骨象征着一种独特的健身方法，也代表了各种流派的混合。骑手们不会响应特定的指令，而是随着音乐的节拍而动，创造出一种更像舞蹈而不是骑自行车的有节奏的沉浸式的编排。与其他动感单车健身房不同的是，SoulCycle 没有用以展示谁比谁表现更好的排行榜，只有教练们不断地督促骑手们推动自己，挑战自己，以免落入舒适区的陷阱。

教练们会在房间里走来走去，不断给予表扬和鼓励。尽管锻炼极其艰苦，但总体效果还是积极和振奋人心的。是的，别搞错了，SoulCycle 是非常非常难的，不要被墙上令人感觉良好的词句迷惑，产生一种虚假的悠闲自在的感觉。正是这项运动的难度和效果，让 SoulCycle 的教学不会让人感觉笨拙或平庸。在动感单车这项极具挑战性的锻炼中，人们可以一边拥抱自己的精神世界，一边享受身体的大汗淋漓。与其说这感觉很矛盾，不如说这符合现代人的自我实现方式。

  人们不想在思想、身体和灵魂之间做出选择，而是想兼顾三者。东方哲学常探讨它们之间的相互关联性，但在西方文化中关于这部分的研究相对较新。20 世纪 80 年代的有氧健身操课程并没有自我探索的内容。当人们从锻炼中寻求的不仅仅是挥汗如雨时，SoulCycle 响应了这一号召，满足了人们对全面转变的深层次需求，这可能包括减小衣服的尺码（减肥），但肯定不止于此。SoulCycle 展现着自己个性的不同方面，实际上是在有效地利用受众看待自己的不同方式。SoulCycle 允许人们以多种方式存在，接受他们的矛盾。即使你是一名极具竞争力的运动员，也可以相信"善良是酷的"（SoulCycle 礼仪的规则之一）。人们并不认为自己是单一、肤浅的，他们也不希望自己喜欢的品牌如此。

  然而，一个品牌可以在基调上拥抱张力，但在品牌价值观方面必须保持一致。你会喜欢一个在聚会上很有趣，在正式会议中很严肃的朋友，但不会喜欢一个声称自己是忠实的环保主义者却不参与回收利用的人。2019 年夏天，SoulCycle 和拥有 SoulCycle 的奢侈健身俱乐部品牌 Equinox 引发争议，因为有消息称，其所有者兼董事长、亿万富翁斯蒂芬·罗斯（Stephen Ross）正在为特朗普总统举办每人 10 万美元的筹款活动。对许多消费者来说，与特朗普的任何联系都与其品牌定位和目标客户背道而驰。Equinox 和 SoulCycle 代表着包容、多样和思想开明，而这些显然不是特朗普总统的品质。在那个夏天，名人和意见领袖呼吁抵制 SoulCycle，它的顾客减少了。这就是建立一个植根于价值观的品牌的关键所在：当人们发现这些价值观并没有在各个层面得到印证时，便会觉得被品牌背叛了。当然，一旦你开始思考钱从何而来，任何品牌都很难做到完美无瑕。但 SoulCycle 事件再次证明，人们正在关注着他们选择的品牌是否从一而终地践行着品牌价值观。在考虑品牌个性时，超出人们的期望是明智之举，但当涉及品牌的核心身份时，就并非如此。张力并不等同于虚伪。

放开控制权

问：那为什么我总是听说一致性是品牌建设的关键？

从品牌向灵活性或"弹性"转变的过程中，可以清楚地看到媒体格局是如何演变的，以及营销在人们生活中起的作用。正如你可能知道或在历史教科书上看到的那样，过去为了看电视，你还得需要看广告。这是一种可预料、可容忍的干扰，在数字录像机出现之前，你根本没办法改变这种情况。尽管当时的广告难以避免，但娱乐和广告之间的界限很清晰：除了植入式广告之外，还有一个"商业休息时间"。今天，广告仍然和以前一样，是我们为娱乐所支付的"费用"。如果没有广告，你就不会感受到看朋友晒娃、度假和分享奇怪饮食照片时的乐趣。但现在不再有"商业休息时间"了，广告从来没有中断过。在社交媒体上，品牌与一切都混在一起，无论是付费广告，还是人们自己选择关注和参与赞助的内容。没有人希望自己被广告推销，但另一方面，人们自愿选择从他们喜欢的品牌那里听到更多信息。品牌需要创造人们真正想看的内容。面对如此多可选择的品牌，人们对品牌的关注已经成为赠予品牌的一种礼物，品牌需要通过回馈追随者来持续赢得关注。在社交媒体上最成功的品牌是那些运用其独特的美学和语言的品牌，而不是坚持严格一致性的品牌。经过精心打磨的策划案可能在品牌网站上的呈现效果很好，但无法满足人们在照片墙上的需求，因为这些内容不是来自他们的朋友，不是来自有影响力的人，也不是来自品牌。

人们在社交媒体上以一种新的、近距离的方式与他们喜欢的品牌沟通。现在品牌的成功不是通过光鲜亮丽的营销，而是通过让自己成为大众话题之一。品牌想要加入话题就需要拥抱不完美——揭示一个品牌与其受众真实、不同的一面。各大品牌在选择发布到照片墙上的照片时，也会像它们给自己网站选择照片那般考虑得很周到。但不同的是品牌第一次能够以"真人"为特色，有效地选择更平易近人的审美风格。

但事实并非一直如此。21世纪初期，当我在传统广告业工作时，我和我的团队常常在焦点小组会议室里冷嘲热讽地抱怨，因为人们告诉我们，他们想看到"看起来像他们的""更真实的"模特。他们是这么说的（我们也这么认为），但事实一次又一次证明，广告效果最好的永远是那些非常美丽、拥有极其苗条身材的模特代言。当UGC①在2005年左右开始流行时，各大品牌认为UGC不仅是吸引消费者的绝佳机会，也是产生大量免费内容的绝佳机会，我们也有过类似的想法。《时代》杂志甚至将"你"评为2006年度人物。然而，那时的UGC大多都很糟糕。那些拍摄不佳、构图不佳的"真人"图片在品牌的网站上呈现效果并不好，看起来就是一团糟，对刺激欲望或建立联系毫无作用。但现在的情况已经大不相同了。每个人都是摄影师，每个人都是模特。普通人可能会在一夜之间成为有影响力的网红，明星们也会发布自己在镜子前挤痘痘的照片。你每天看到的大部分内容都是"用户生成的"，UGC已经成为一种常态，其美感也随着摄像头的改进而提高。UGC的承诺终于实现了。但这并不意味着所有品牌都可以停止投资相关拍摄，完全依靠用户的自拍。再强调一次，关键在于品牌需要根据不同情况选择正确的展示方式。在网站或广告牌上效果最好的方法可能与在照片墙上效果最好的方法有所不同。

那些接受真实的用户生成内容的品牌，或者至少表面上采用

---

① UGC，即 User Generated Content，互联网术语，是指用户生成内容，即用户原创内容。UGC 的概念起源于互联网领域，用户将自己原创的内容通过互联网平台进行展示或者提供给其他用户。UGC 是伴随着以提倡个性化为主要特点的 Web2.0 概念而兴起的，也可叫作UCC（User-created Content）。它并不是某一种具体的业务，而是一种用户使用互联网的新方式，即由原来的以下载为主变成下载和上传并重。随着互联网运用的发展，网络用户的交互作用得以体现，用户既是网络内容的浏览者，也是网络内容的创造者。——译者注

这种形式的品牌，比那些无论在哪里都使用同样展示方式的品牌更容易被社交媒体上的用户接受。品牌社交媒体上的内容如果被过多地精心策划，看起来就会太像广告了，从而错过了在这个更平易近人、更亲密的平台上与受众沟通的机会。当然，当接受用户生成的内容作为品牌的一部分时，你确实需要放弃一些控制权。一旦你邀请人们成为品牌世界的一部分，就需要放弃完美的一致性。因为你不能准确地控制人们要发布什么内容，也不能准确地控制他们会以什么方式将一个品牌打造成自己的品牌。但得到的远远大于失去的。

当品牌愿意放弃不断地追求完美时，它就会打开一个进入充满机会的新世界大门，通过给予人们更多的沟通和交流机会来拉近与受众的距离。运动服装品牌户外之声（Outdoor Voices）就是一个利用这种方法做得很好的例子。户外之声由泰勒·哈尼（Tyler Haney）于2013年创立。从一开始，哈尼就为日常健身者设计服装，而不是为职业运动员设计。众所周知，服装的设计非常注重外观。该品牌的外观设计比许多职业化、男性化的竞争品牌更温和、更休闲，很快便凭借其易识别的、非常适合照片墙的色块紧身裤和短发模特获得关注，在早期便吸引了美国的休闲服装品牌J.Crew与其合作，这次合作也引发了大量积极的媒体报道。总部位于奥斯汀的线下业务就是从那时发展起来的，因此如今的户外之声既有在线业务，也有自己的实体零售店。

户外之声网站展示了一系列健身情景的图片，比如在沙漠中慢跑，给人的主要印象是一群非常有魅力的人享受着令人向往的健身活动。照片墙是让这个品牌真正活跃起来的地方。通过标签 doingthings（品牌口号"Doing Things Is Better Than Not Doing Things"的缩写，即"做总比不做好"），户外之声收集了大量令人印象深刻的用户生成内容。在整个推送过程中，该品牌都在展现不同年龄、体型和健康状况的普通人在户外享受体育活动的乐趣。虽然这个品牌仍然以塑造完美的身材为特色，但这些内容与普通人的形象和他们的锻炼习惯相称，从而引发许多好评，诸如"这些模特选得很棒！""能看到各种年龄和体型的模特真是太好了！""干得漂亮！"

这些图片大部分是由户外之声的"品牌大使"制作的，作为交换，他们可以从品牌那里获得免费赞助的衣服。值得注意的是，该品牌因为在还没有提供更多尺码的情况下推出了大码模特（截至 2019 年，该品牌"正在努力"提供更多尺码）也收到过负面反馈，但户外之声账号上的评论大部分都是积极的。人们为帖子中提到的那些内容点赞，品牌本身也为那些反馈点赞。户外之声还因为刊登了一则广告而引起了巨大的轰动，广告中的模特明显有很多赘肉，但在这个品类的那些典型模特中脱颖而出。品牌推崇者和媒体都很兴奋——一个运动服装品牌能够展示这种积极、真实的形象，反映了真正的女性看起来是什么样子的，即便是那些身材很好的女性也是如此。

在过去，如果你正在创建一个健身品牌，公认的方法是突出"梦寐以求"（也就是可望而不可即）的身材，给人们提供一个可以实现的梦想。虽然大多数人永远不会拥有闪闪发光的六块腹肌或完美光滑的腿，但这并不重要。这种方法需要创造一种绝对坚定不移的幻想，一个没有现实进入的空间。但那已经不再是人们对品牌的追求。户外之声堂堂正正地在广告中加入了"脂肪组织"，赢得了人们的信任和尊重。它通过展示真实而不是完美的PS版本来向观众致敬。

  乍一看，广告中的皱纹、伤疤、瑕疵可能会令人惊讶，因为几十年来，消费者已经习惯欣赏极端完美的、近乎卡通化的修饰效果。但许多品牌正在挑战这些审美，并取得了巨大的成功。事实上，正是这些小缺陷让一个品牌变得更有趣。人们不再希望自己的生活被严格的定义或界限束缚，品牌也是如此。哈尼和露露乐蒙（Lululemon）[①]的创始人公开抵制运动休闲分类，认为它暗示着一种懒惰或不真实，容易产生这是一个为那些购买运动装备但从未真正锻炼过的人设计的品牌的认知。运动休闲这一品类被归入运动服饰品牌的范畴，就代表着两者之间的界限正在模糊。但我喜欢这个想法，我认为这完美地说明品牌和它们的用户不再需要拘泥于"剧本"。你可以穿着露露乐蒙去做瑜伽，我可以穿着露露乐蒙去吃早午餐。锻炼装备不一定只是用于锻炼，锻炼本身也不需要那么严肃（除了想要变得最健壮的人之外，其他人都不需要）。每个人都可以按照自己的节奏走，享受更多的乐趣。

[①] 露露乐蒙（Lululemon）是一家以瑜伽为灵感来源的国际运动休闲服饰品牌。——译者注

出其不意地吸引用户

　　人类是复杂的、多层次的矛盾综合体，他们喜欢的品牌也应是如此。换句话说，人们身上充满了惊喜，品牌也需要惊喜。一致性有一个缺点是可预测性。当一个品牌过于努力地按照剧本行事时，就不可能保持内容的新鲜感并让人们感到愉悦。虽然很难想起优步成为每个人都爱恨交加的品牌之前的那段时期，但优步在早期扩展方面绝对做得非常出色，因为它创造了层层惊喜。该品牌的初始定位是努力创造高端体验。商标是金属质感的银色U型，看起来几乎像是某个奢侈品牌。优步仅有的车辆是高档轿车和SUV（这是在它推出更经济的产品UberX和UberPool之前）。即使是优步这个名字，也体现着高人一等的优越感。我永远不会忘记我第一次在结束朋友聚会后叫了一辆优步到下东区的一家酒吧接我，然后一辆凯雷德（Escalade）①停在了我们面前，他们简直不敢相信自己的眼睛，以为我有一位专车司机随时待命。事实上，该品牌最初的口号就是"成为每个人的私人司机"。在当时，这种体验令人难以置信，这个品牌似乎面临着脱离现实的风险，感觉它更像是为银行家和硅谷大亨创造的品牌。只不过它有点幽默感。万圣节前夕，优步应用程序中的汽车图标神奇地变成了小扫帚。在2013年的国家爱猫日，优步启动了"优步喵星人"（UberKittens）

---

　　① 凯雷德（Escalade）是一款凯迪拉克全尺寸顶级豪华SUV，集威武尊贵的外观，精美豪华的内饰，强劲无匹的动力，和众多领先科技于一身，自诞生之日，就成为美国豪华SUV的典范。——译者注

计划，通过优步将可收养的可爱小猫送到各大城市的办公室。你怎么会讨厌一个给你带来可爱猫咪的品牌呢？

当然，这么多年来，人们确实常常不禁会讨厌优步这个品牌，从它的创始人到它对待司机的方式，再到它在公共危机期间对高峰定价的处理，一场又一场的争议接踵而至。就像SoulCycle一样，一个品牌的道德标准存在问题，这不是我们应该接受的那种张力。如果一家企业一次又一次地表现糟糕，再多的小聪明也无法分散人们对负面新闻的注意力。公众对优步内部制度的反应，进一步说明一个品牌目标的实现需要从内部开始行动。

然而，在丑闻暴发前，优步的幽默让人们不会觉得该品牌过于严肃。这是一个科技驱动的高端品牌，但令人惊讶的是，它很有趣！幽默，尤其是让人们猝不及防的幽默，是使品牌人性化和创造更深层次亲密感的有力工具。在处理严肃的话题时，轻松的语气通常会更有效。当红鹿角帮助创建男士脱发治疗品牌Keeps的网站时，我们觉得加入"脱发101"版块很重要。脱发治疗是一个充斥着错误信息和虚假承诺的品类，Keeps的使命也包括澄清导致脱发的原因以及哪些治疗方法真正有效。但是，这一版块的设计存在风险，好的情况是枯燥无味，坏的情况是令人沮丧。我们知道男性已经对脱发感到焦虑，我们不想助长一种消极的心理状态。因此，在网页的末尾，在概述了问题、原因和治疗方法之后，我们加入了一个"不会导致脱发的事情"的插图部分，其中包括帽子和天然的睾丸素（"增加男子气概对你的头发来说是件好事"）。这一部分被深藏在页面底部，作为对那些花时间浏览网站者的奖励,在品牌和受众之间创造了一种更友好的动态关系。Keeps 通过这种方式给予人们安慰和舒适感——是的,秃顶是有压力的,但我们也可以对此一笑置之。

最近,有许多品牌用巧妙的方法开启了传统的禁忌话题,以坦率取悦人们,打破羞耻感,开始新的对话。Hims 是一家男士保健品牌,提供脱发和勃起功能障碍的治疗以及个人护理产品。该品牌厚颜无耻地为其仿制版伟哥(Viagra)进行了广告宣传,引起了巨大的轰动。该广告利用仙人掌、香蕉和其他长形符号来传达挺拔和下垂之间的区别。Hims 的电视广告与传统治疗勃起功能障碍的电视广告截然不同,那些广告描绘的是银发绅士隔着烛光餐桌对妻子会心一笑。通过机智的对象转换加上新潮的现代审美,Hims 创造了一个更真实、更容易让人产生共鸣的品牌,特别是针对目标受众中的年轻男性。

另一个利用机智与新潮的方式打破禁忌的品牌是女性卫生用品公司 Thinx。该品牌在众筹网站 Kickstarter 上成功获得投资后于 2013 年成立,其主要产品为生理期内裤。这种内裤看起来和普通的内裤一样,但它是由一种高吸水性材料制成的,可以替代女性卫生产品,如卫生棉条或护垫(据说一条内裤的容量相当于两条卫生棉条)。因为这种内裤是可清洗和可重复使用的,所以 Thinx 相当于提供了一个比使用一次性卫生产品更有效的可持续方案,而且它也消除了一些人在使用卫生棉条时的健康安全担忧(尤其是无机的卫生棉条)。这是一个数十年来都没有被颠覆的品类。丹碧丝(Tampax)、倍儿乐(Playtex)、高洁丝(Kotex)等大品牌，在舒适性和吸收率方面可能会进行持续但微乎其微的改善，但除了大家对"月经杯"①的热情不断增长外（仍然非常小众），女性卫生用品自从人们不再依赖月经带②以来并没有什么显著的变化。

　　Thinx 实现了一项相当了不起的创新，几乎令人难以置信。该品牌必须克服人们对看起来普通的内裤如何能吸收这么多液体等质疑以及潜在的"恶心"因素。无论质疑是否合理，Thinx 都要接受，因为它需要制造话题产生热度。2015 年，Thinx 开始在纽约市地铁开展广告宣传活动。广告拍摄精美，设计高雅，风格极简。女模特穿着 Thinx，配以柚子（女性生殖器官的流行代表）、溏心蛋，再加上"女性经期内裤"的标题。就广告本身而言，该活动通过对一个很少坦率谈及的话题采取大胆而直接的方式，达到了很好的宣传效果。但更让 Thinx 脱颖而出的是围绕这次宣传活动产生的争议。根据 Thinx 的说法，主管部门通过其合作伙伴户外广告代理商 Outfront Media 对活动的主题提出了异议，并试图限制使用"经期"（Period）这个词和那些极具暗示意义的图像。在宣传活动开始之前，Thinx 公开了这场争议，它接受了多家媒体的采访，并在 Thinx 的脸书页面上发布了它与广告代理商的电子邮件往来信息。Thinx 将这一潜在的绊脚石化作吸引关注的机会，它还指

---

　　① 月经杯也被人叫作"月亮杯"，多采用医用硅胶、橡胶等柔软且富有弹性的材质制成。卫生棉条虽然舒适，但如果超过 8 个小时忘了取出棉条，就可能导致中毒休克症候群（TSS）。而月经杯并不吸附经血，只是将经血收集起来，所以不存在 TSS 的风险。——译者注

　　② 月经带又名卫生带，属于卫生巾的前身，产生于第一次世界大战期间。在法国服役的美国女护士是现代职业女性的先驱。即使月经期间，她们仍要保持那份优雅、敏捷和干练，于是便对经期用品做了一番大胆的尝试：用绷带加药用棉花，制成了最早的卫生带。——译者注

出主管部门经常播放隆胸广告以及模特衣着暴露的广告，突显公众对某些话题反应的虚伪。Thinx辩称，人们对其广告的激烈反应完全是因为月经期间的不适引起的。不可否认，经期是生命的自然组成部分，也是一个重要的健康话题。在得到大量网民的支持后，这场宣传活动原封不动地进行着，Thinx也成功打破质疑。次年，该品牌的地铁宣传活动中，跨性别者①模特索耶·德维斯特（Sawyer DeVuyst）穿着Thinx男孩短裤。Thinx再次致力于消除羞耻感，成为第一个跨性别者的经期用品品牌。

  Thinx对其使命的执行并不仅限于广告宣传。该公司为了在全球范围内提高经期产品和资源的可获得性，努力实行了多个回馈计划，包括与非营利性组织PERIOD（一家专注消除经期卫生巾短缺问题的机构）合作为美国学生提供免费的经期产品，以及一个名为"人人"（Everyone）的青春期教育计划。它的网站上还有一个名为Periodical的教育版块，里面有关于女性健康和月经的文章以及从流行文化到女权主义的其他相关话题。然而，Thinx在2017年也面临着争议，当时其创始人兼首席执行官米基·阿格拉瓦尔（Miki Agrawal）被指控性骚扰和行为不当。这家公司的声誉建立在女性赋权的基础上，Thinx在沟通和行动方面都做了很多的伟大工作，但在听到这些指控后人们不禁对其失望。阿格拉瓦尔下台后，公司由新任首席执行官玛丽亚·莫兰德·塞尔比（Maria Molland Selby）接替。通过新的培训和新的人力资源政策，塞尔比

---

  ①"跨性别者"是指在性别认同、性别表达或性别行为方面与出生时指定的生理性别不符合的人士的总称。——译者注

和公司其他领导层采取了迅速而果断的行动，努力让公司文化重回正轨。截至2019年，塞尔比希望将该品牌扩展到全球，同年9月，金佰利①（Kimberly-Clark）向该公司投资了2500万美元。虽然Thinx面临着新的竞争，最终成功与否还有待确定，但毫无疑问，该品牌已经成功地围绕经期与大众展开了一场真实的对话。它的柚子已经成为一个标志性的形象，它的地铁宣传广告是纽约最受欢迎的广告之一。事实上，当Kims发起仙人掌运动时，似乎没有遭到主管部门的抵制，但因为发觉Thinx仅仅真实地描述了月经便经历了一场艰苦的战斗，所以人们再次抨击Hims。

标识

从仙人掌到柚子，Kims和Thinx都巧妙利用了象征手法，以一种令人耳目一新的坦率方式来处理禁忌的话题。在Thinx的例子中，柚子是它的照片墙图标，这又引出了一致性的另一要素——标识。品牌出现的地方和方式如此之多，标识主导的时代已经结束了。Thinx的标识是一个简单优雅的衬线字体符号，但柚子也是该品牌的象征。SoulCycle有由单词和黄色自行车轮子构成的标识，但从它的骷髅头和交叉骨骼中同样可以辨认出这个品牌。这并不是说标识不重要：它们是品牌身份的关键表达，如果处理得

---

① 金佰利是全球健康卫生护理领域的引领者。公司成立于1872年，在全球34个国家和地区设有生产设施。个人健康护理用品、家庭生活用纸和商用消费产品是金佰利公司三大核心业务。——译者注

当，可以很好地传达品牌存在的原因。但标识只是工具包中的一种工具，尤其是在数字时代，消费者断章取义的情况越来越少见。例如，在照片墙上，一个品牌的图标旁边往往还会出现它的名字，这给了Thinx这样的品牌更多的自由，让它们可以有趣、随意地表达自己的想法。当与我们合作的品牌变得过于执迷于寻找自己的"耐克标识"时，我们必须提醒它们，我们生活在一个与耐克刚推出时不同的时代，而且如今更重要的是拥有丰富多彩的故事，而不是一个代表一切的符号。品牌需要认识到，仅有一个标识并不能与消费者建立联系。

当全球创新支付公司万事达卡（Mastercard）宣布要把自己的名字从标识上去掉，仅仅依靠那两个重叠的圈圈时，我真实的反应是——谁在乎这个！你什么时候会注意到一个标识的周边信息，甚至发现它缺失了名字？此举是为了表明万事达卡不仅仅是一家"信用卡"企业，它还为客户提供其他技术解决方案和服务。但是，这是一种品牌观念的转变，需要通过行动和体验来推动，而不是通过新的标识设计。标识作为品牌系统的一部分很重要，我们会花几周的时间来开发它们，以确保它们表达了正确的感觉和想法。但标识只是拼图中的一块。当有新客户告诉我们，他们已经有了一个"品牌"，因为他们有了一个名字和一个标识的时候，我们必须告诉他们：标识并不等于品牌。而且，过度依赖标识和口号，把它们作为品牌唯一的表达方式，肯定会让品牌走上一成不变的老路。当我看到某个品牌的地铁广告只是在每个面板上重复它的品牌标识和口号时，我看到的是这个品牌错失了与人们沟通的机会。反复出现的标识给人的感觉就像是本应该就忽略的广告,而柚子能让人们注意并开启一场对话。

真实就是会有点乱

从图像到信息再到整体调性,如今的品牌已经认识到完美的修饰不再能打动人们,从而建立起那些感觉真实、让人产生共鸣的品牌。品牌更像是一个人,而不是一家公司。有时,这甚至意味着品牌可以犯错并得到原谅,只要这些错误得到迅速且正确的处理。一个能延伸、具有张力、能吸引人们的品牌形象很难控制,那么放开控制权让消费者成为品牌故事的一部分何尝不是一个绝妙的选择。他们的内容会得到推荐,他们会在品牌故事中看到自己,他们会更加投入于品牌。这不是独角戏,而是一场对话,对话本身就是不可预测的。如果你确切地知道一个品牌接下来会说什么,又为什么还要继续听呢?品牌会邀请目标受众踏上一段曲折甚至是坎坷的旅程,通过这种更令人兴奋的体验让他们执迷。

> **记住:** 你应该只代表一个观点,但是可以且必须用很多不同的方式来表达这个观点。如今,一个品牌需要出现在许多场合,而你必须灵活地改变,才能让品牌变得有趣。

8
彰显个性化

作为一家公司的创始人，我一直在努力克服自我推销带来的不适。我不发推特，也不经常写博客，我很难向大众输出自己的观点。即使是在写这本书的时候，我也花了一段时间来适应使用"我"和"我自己"。大多数时候，我更喜欢用红鹿角品牌来为自己发声，或者用实际表现证明自己。但多年来，我不得不认识到，我的身份，或者更准确地说是我的联合创始人身份，与我们创办的公司的身份是无法分离的。潜在员工会选择在听过我们的播客或读过关于我们其中一位创始人的文章，对我们的情况更加了解后再来面试。一般来说，人们都会想去了解目标公司的幕后团队。如果我们想要与最好的客户合作，招募最优秀的人才，我们必须与客户或者潜在员工加强沟通，即使可能会受到攻击，或者说，特别是当感觉自己易受到攻击时，你更应该这么做。这是我经常给客户的建议，也用来反复鞭策自己。毕竟，如果品牌需要从内部做起，起点就是创始人。

人类人性化

仔细想一想，人们谈论他们对某些品牌的"喜爱"是件很有趣的事情。喜爱一件产品是一回事，产品是可以触摸、感觉和使用的，但喜欢品牌是另一回事，因为品牌是一个抽象的概念。然而，人们确实感觉到了与某些品牌的联系，这种联系超越了简单的交易关系。这几乎就像他们在谈论一个人，而不是一家公司。这种更深层次的关系是区分成功与失败的关键。人们对这些品牌的执迷不仅仅是产品如何融入他们的生活，更是他们对这些品牌的热爱已经成为他们身份的一部分。之所以会这样，是因为这些品牌感觉不像是没有面孔、没有灵魂的公司，而更像是有个性、有观点、有感觉的鲜活的人。简而言之，它们让人感觉更有人情味。

让品牌感觉更具人情味的关键方法之一是——利用真正的人！成功往往是由一个创始团队推动的，这个团队构成了品牌故事的内在组成部分。创始人拥有公众形象并不是什么新鲜事；看看福特和迪士尼这样的公司，当然最近还有菲尔·奈特（Phil Knight）、史蒂夫·乔布斯、霍华德·舒尔茨（Howard Schultz）、阿里安娜·赫芬顿（Arianna Huffington）。但在互联网时代，创始人在品牌故事中扮演的角色已经发生了变化。今天许多受人喜爱的品牌的创始人不是超凡脱俗、神秘的人物形象，而是感觉像是你周围的人。在了解他们的过程中，尤其是通过社交媒体提供的独特途径，消费者可以更深入地了解品牌的世界。当你知道一个品牌背后的人是谁，并与他们有密切关系时，你会更容易支持这个品牌。当创始人公开谈论他们为什么创建一家公司时，就会解释公司存在的原因：确实有一个人或团队看到了需求，并着手解决问题。尽管这些品牌已经有数百万美元资产，它们也会在公众面前放下身段，平易近人地活跃在消费者面前。

当我们开始与一家新公司合作时，我们总是会谈论创始团队在品牌故事中的角色。并不是每个创始团队都想成为品牌形象的正面角色，许多人并不想"以他们为中心"。这时我们就会解释说，这与表现自我无关，而是与增加沟通有关。人们想知道他们买的东西背后是谁，但创始团队不需要把自己的脸贴在产品包装上。消费者如果信任创始人，这将成为他们支持品牌的一个额外因素。这种信任能够带来"我做到了，你也可以做到"的感觉，无形之中也激发了人们自身的创业热情。

很多时候，创始团队的故事与品牌故事密不可分。他们的观点是品牌观点的驱动力。当他们创办公司的初衷是出于个人原因并将它与自己的经历联系在一起时，这一点就变得尤其明显。比如，一位母亲创办了一家婴儿食品公司，或者一名医生创办了一家新的医疗保健公司。如果一位创始人设身处地为他们的目标用户着想，并了解他们的第一手需求，或者如果一位创始人在他们打算颠覆的领域拥有直接工作经验，那么这就增加了相关性和可信度。人们会联想到创始人创业的原因不仅仅是想赚钱，消费者也更容易信任他们，更愿意购买他们的产品。当然，我们也遇到过创始团队与他们的目标受众完全不相关的情况。我并不是说每个创始人都需要直接反映他们的目标人群，但当消费者能够与创始团队和他们的使命产生共鸣时，这无疑有很强大的影响力。这就是为什么今天这么多成功的企业都是由与他们所做的事情有着深刻个人联系的团队创建的。

问：如果我只想推出一个不带个人色彩的品牌呢？如果我只是想集思广益，想出一些商业点子呢？

我们首先询问潜在客户的问题之一是他们开始这项特殊业务的原因。与"我想辞去银行工作，所以我做了一个白板练习，找出哪些消费者品类最适合颠覆"相比，我们总是更乐于与那些对这个问题有自己特殊答案的企业家合作。这并不是说从头脑风暴中诞生的企业永远不会成功，但拥有个人想法是一种优势，因为它不仅是一个聪明的想法，也意味着创始团队是实现这个想法的合适团队。这种想法可能来自在一个支离破碎的行业工作多年的人的经验，也可能是由个人经历驱动的灵感时刻。沃比·帕克的创始人之一戴夫·吉尔博亚（Dave Gilboa）经常讲述创业的灵感来自他丢了一副名牌眼镜，并震惊地发现他必须支付700美元才能更换眼镜，这比他买新款iPhone花的钱还多。他第一次想知道为什么眼镜这么贵，这让他开始了一段探索如何改变这个品类的旅程。那些通过个人经历或启示产生商业想法的创始人天生就更有激情，这种激情是极具感染力的——不仅对公司的员工，而且对消费者也是如此。

从故事开始

我们的许多创始人都是凭借个人经历创业的，比如大码时尚品牌 Henning 的创始人劳伦·陈（Lauren Chan）。劳伦在播客上听到了我们的消息，然后联系了我们，想看看我们是否愿意和她合作。我们立刻就爱上了她和她的故事。她从加拿大搬到纽约，在福特模特公司（Ford Models）担任大码模特，最终成为《魅力》（*Glamour*）①的时尚特辑编辑，负责大码时尚版块。通过她作为模特、作家、编辑以及最重要的消费者的经历，她发现了大码市场中未得到满足的需求。

虽然正能量的健身运动开始占据主导地位，人们好像不再追求过分苗条的身材，但劳伦仍然找不到适合她尺寸的做工精良、奢华的女装。尽管 2/3 的美国女性穿 14 码（相当于中国的 L 码）以上的衣服，但主流品牌要么口惠而实不至，只推出非常有限的系列，很快就销售一空，要么就完全忽视了大码。后来，劳伦发现可以将快时尚和复古男士运动夹克结合在一起为自己量身定做服装。她认为即使是高品质面料但不够时尚也会阻碍大码女性予以选择，她告诉我："我穿过从 12 码到 20 码的所有衣服。在时尚界工作，我一直是工作室里唯一的大码人士，我感觉自己完全处于边缘状态。服装完全缺乏代表性，时尚缺乏多样性，这是我能够穿的衣服的固有特点。我每天都在和那些穿名牌服装的人一起

---

① 《魅力》（*Glamour*）是英国高端女性时尚周刊。——译者注

工作——赛琳（Céline）、德里斯·范·诺顿（Dries Van Noten），但我选择穿着 Forever 21（美国标志性快时尚服装品牌），因为便宜的快时尚才是最适合我的。"

对于劳伦来说，这个问题不仅仅是搭配一套服装的问题，因为女性的着装对她们的生活有很大的影响。"首先也是最重要的是，我无法自信，因为在一大堆设计师服装中穿着廉价的快时尚服装很没有安全感。其次，人们会认为我能力较差，不太合群，不能与其他人平等相处。最后，我是一名时尚编辑，写的却是我从未真正穿过的名牌服装。这对我来说是三重不利因素。我一直在想，总有一季会推出为身材较高大丰满的女性制作高品质的衣服，但没有人这么做。"除了自己的经历，在《魅力》工作的这些年里，劳伦还收到了数以千计的大码女性的来信，她们非常渴望买到漂亮的衣服，但无计可施。她们可以选择的大部分衣服都是廉价制作的、设计得像是工作服一样以便遮住她们身上的赘肉，这些衣服与时尚无关，且被放置在商店的最里面。她们被排除在时尚话题之外，也被排除在乐趣之外。因此，她辞去了工作，自己动手，创造了她梦寐以求的品牌：高质量，不妥协，设计时考虑了大码身材，在纽约的一家工厂与美国设计师品牌一起缝制。

我们与劳伦密切合作，将她的新锐品牌命名为 Henning，并创造了一个强大而无畏的形象，同时突出了每件产品中的周到、工艺和精致。我们的品牌愿景是"穿出你的力量"，与 Henning 一起，没有什么能阻挡你。当我们的品牌合作结束时，劳伦还有几个月的时间才会推出她的第一个系列，因为她当时还在设计和制造产品。通常情况下,我们的建议是在品牌正式启动之前保持低调——按照惯例,在人们真正能买到产品之前,你不应该"独家报道"。我们与创始人的大部分工作都是针对启动的那一刻,目标是在企业上线后尽可能多地获得新闻报道和关注。

然而,劳伦坚持要让她的目标受众一起见证 Henning 的诞生。在她的网站上线之前,她就向社交媒体和媒体发布了 Henning 的消息,她的直觉是正确的。她回忆道:"我们在产品发布前 6 个月就推出了社交和电子邮件服务,那时候大家都觉得我疯了。但那是 Henning 开发过程中最重要的六个月。我能够和我的读者交谈,在这个过程中她们变成了追随者,而追随者又会变成顾客。我们之间的对话超越了买卖关系的极限——真诚、机智、实质、信息丰富。我非常感激能在个人层面上与我的读者建立联系。在商业角度,我可以问她们是否需要抗皱或弹性面料,她们喜欢什么颜色。"

Henning 的照片墙账号上展示了劳伦创业的幕后场景照片,从采购面料到打印名片,其中还穿插着劳伦当模特的亲身经历,各种身材的成功女性的故事,以及劳伦在焦点小组和社交媒体上收集的消费者的真实反馈。她通过引用"奢侈品是一个尚未向我开放的世界"和"廉价着装会损害我在商业上取得成功的能力"之类的话,把她想要解决的问题变成了现实。她的社群也在其他方面提供了帮助:"就在产品发布前,我们在拍摄照片时遇到了一个问题,那就是夹克的袖窿太高了,腋窝感觉太紧了。但直到我们给五个人穿上那件夹克,我才意识到这一点。本该在那个星期就开始投入大批量制作的。我当时非常惊慌,但马上意识到,为什么不让我们社群的每个人都把她们的袖窿和肱二头肌尺寸发给我呢？后来，数以百计的女性都配合我们这样做了。除了纯粹了解她们反馈的问题并解决问题之外，在产品发布前、在试图进行销售前，在做出任何行动之前我一直与我们的社群保持联系，这将对公司产生永久的影响。当我们犯错误的时候，社群的人会有同理心，她们会想帮助我们改正错误，她们会认为自己是在和人类说话，而不是和机器人说话。"

  当劳伦在 2019 年 9 月推出这个品牌时，是面向一个已经参与并投入的群体，她们热切地期盼着她的品牌。她们甚至在它发布之前就已经为之着迷了，而这种参与在很大程度上是由劳伦本人推动的。她和我详细讨论了她作为创始人和 Henning 品牌之间的关系，她描述了对自己角色的看法，她说："一开始我还在犹豫是否要发表自己的观点，因为我不想让这个品牌只是被一个在照片墙上有一些推崇者的人所钟爱的项目。我希望这是一项价值 10 亿美元的业务。但在社交媒体上表现最好的都是我的个人故事。这不仅仅是因为我拍了可爱的自拍，回复了照片墙上的评论，更因为我经营这个大码品牌是基于我作为一位大码女士对它的了解。很多大码品牌甚至都不是女性经营的，更不用说大码女性了，你可以从服装的设计上看出来。"我问劳伦是否觉得创始人需要反映他们的目标受众，她解释说："你看，一方面，那些不是大码女性也做大码服装的人肯定有其原因，这也证实了我们正在为之奋斗的业务的价值。同时，也表明'这不仅仅是我们要解决的情感问题。'有位正在从事大码女装的身材匀称的男子说：'从数据来看，这是正确的.'这是男性说教（mansplain①）！但如果没有一个以个人建立起联系的创始人，就很容易从你在社交网站上发布的内容看出你的产品是什么样子的。"劳伦与目标受众的联系使她能够更周到地考虑她所提供的产品。"我在衣服上设计的所有东西都是我知道要如何解决的问题，因为我亲身经历过。在去参加我职业生涯中最重要的一次面试的路上，我的裤子后面撕裂了，屁股暴露在外面，这使得我不得不坐在原地。因此，现在Henning的裤子都有加固的接缝。我曾在开会的时候，胸部侧露出来了，所以我在Henning衬衫的纽扣之间设计了一颗暗扣。这些解决方案可能只需要花费一美元。"

没有劳伦，Henning就不会成为Henning，她非常明智地提出了自己的观点，并成为该品牌故事中不可或缺的一部分。事实上，她从一开始就考虑到了自己在故事中扮演的角色的重要性。她告诉我："当我辞去时尚编辑的工作时，我想我应该创办一家咨询公司，或者开发一种技术来扩大多个品牌的尺码。但我不是做这件事的合适人选。"她在《魅力》杂志面向公众的职业生涯以及作为模特的经历，让她获得了一些机会——撰写月刊专栏，与《魅力》杂志和美国知名大码服装品牌莱恩·布莱恩特（Lane Bryant）合作设计一个时装系列。她拥有一张人们可以联想到的面孔，她收到了无数的读者来信、电子邮件与带有问题和故事的私信（Direct Messages，DMs）。"所有这些研究的结果是，我需要创立一个自己

---

① mansplain是由男人（man）和解释（explain）两个单词构成的合成词，指的是男人觉得你是女人，缺乏一些常识，使得他用一种居高临下、迷之自信的方式给你解释事情。——译者注

8 | 彰显个性化　　181

的品牌，而我就是品牌的代言人。人们认为我是时尚界的大码人物，像我这样的人不多。我不想浪费这种知名度去幕后创建一家科技公司。很幸运，我有责任推动我们的社群向前发展。为了我们的社群，我应该上《快公司》(Fast Company)①杂志的封面。我的目标是帮助那些感觉被边缘化的人，让他们感到被包容。"

另一位创始人是阿比盖尔·斯通（Abigail Stone），她的个人经历在很大程度上指导了她的创业之路。当我们第一次见到直接面向消费者的蜡烛公司 Otherland 的创始人阿比盖尔时，她给我们讲了一个关于她童年的故事。从小到大，她敬爱的祖母总是会跟她念叨自己的人生哲学——"额外的装点会带来额外的活力"。这个理念就是生活中的细节也能够给你带来巨大影响。例如，阿比盖尔说，如果你从杂货店买了一袋小柑橘，那么请花点时间把它们放进一个漂亮的碗里。这是一个对你周围环境和你的一天都有积极影响的小举动。

阿比盖尔很崇拜她的祖母，公司最初的名称便是 Verve（"活力"之意）。她向我们证明了点燃一支芳香蜡烛的小举动具有可以改变周围环境的力量。当她向我描述创建这家公司的灵感时，她说："我在二十多岁的时候迷上了蜡烛。其实我从小就想要蜡烛（我的保姆有洋基蜡烛），但我妈妈果断拒绝了我的请求。直到我和朋友们租了一套公寓，我开始买蜡烛。我会在早晨冥想的时候点燃一支蜡烛。我会在下班或上完商学院的课后，回到家点上一

---

① *Fast Company* 是一家专注于技术、商业和设计的全彩商业杂志，它每年发行 10 期。——译者注

支蜡烛，然后追剧《权力的游戏》（*Game of Thrones*）。点蜡烛是一种让人感觉良好的习惯和仪式，在我们这个日益数字化的世界里，它与自我照顾联系在一起：划一根火柴，气味弥漫在房间里。但是，具有复杂香味和吸引人的设计的蜡烛实在太贵了。就算你买了一支，你也不舍得点燃它。"第一次见面后，阿比盖尔给我们每人送了一支标有我们名字的蜡烛。在我们评估一家新蜡烛公司的潜力时，我们谈到了人们对家以及对他们所占据的空间的在意，而蜡烛可以用一种相对便宜的方式来营造一个全新的氛围。我们采访了那些执迷于蜡烛的人，他们几乎每周都会买新的蜡烛。不同的气味可以让你产生不同的情绪或心态，这也是我们最终将公司命名为 Otherland 的原因。

阿比盖尔是 Otherland 故事中不可或缺的一部分。她的个人风格，以及她对艺术和设计的热情，极大地影响了该品牌的美学，特别是当她推出新系列并考虑开发香水和艺术品的主题时。她把自己描述为一个毕生热爱艺术的人，她学习了艺术史，然后进入拉尔夫·劳伦（Ralph Lauren）①从事艺术品收购工作。阿比盖尔与艺术的关系是 Otherland 品牌诞生的关键驱动力。正如她所描述的，"艺术是我们的一切。首先是视觉上的。家居香水的未来必须是视觉产品。要想在网上销售香水，它必须在视觉上有吸引力，才能让你克服没有先闻到香气就购买的困难。同样的道理也适用于照片墙。我们用艺术来讲述每一个系列，每一种香味，以及它

---

① 拉尔夫·劳伦（Ralph Lauren）是美国时尚时装品牌。除时装外，品牌还包括香水、童装、家居等产品，该品牌迎合了顾客对上层社会完美生活的向往。——译者注

所唤起的故事。Otherland 是关于回忆和怀旧的，从产品、颜色、标签、盖子、火柴盒，延伸到我们在照片墙上的故事都是如此。它的香味不只是玫瑰和红醋栗的味道，它是童年记忆里你母亲所制作的热牛奶拿铁咖啡的味道，它是在户外淋浴时海滩上海盐的味道。我们销售的是体验式的、可消费的艺术品。"

阿比盖尔的回忆激发了每一款蜡烛的设计灵感，然后这些回忆也被编进品牌故事中。例如，2019年夏季系列中的一款香氛蜡烛"核果"（Stone Fruit）的灵感来源于她和母亲一起去海滩度假，她的母亲会在楠塔基特岛囤积野生海滩李子果酱，然后存到2月享用，从而让她们想起夏天的感觉。阿比盖尔在纽约的第一份工作是美国网球公开赛的球童，这启发了网球主题的"赛点蜡烛"（Match Point），有割过的草、黄瓜的味道，当然还有网球的味道。她说："我们正处在一个怀旧情绪很浓厚的时代，因为怀旧是数字疲劳的解药。气味是记忆的最强触发器。首先我会进行头脑风暴来寻找记忆，并把在视觉上看起来相像的要素放在一起。然后我会写一份简报，拿着它去见我们的调香师。当顾客感到共鸣从而去购买情感上有联系的产品时，神奇的事情就会发生——他们会告诉我们他们的故事。"

在很多方面，阿比盖尔都是 Otherland 品牌的代言人。我们选择将阿比盖尔放在网站的主页上，她在品牌的照片墙中也扮演着重要的角色。虽然这似乎并不罕见，但大多数品牌在网站主页上都没有介绍他们的创始人，即使有创始人的介绍，也是出现在"关于"的页面上，而网站摄影通常还是会展示符合该品牌生活方式的模特。但在 Otherland 的网站主页上，阿比盖尔体现了品牌的生活方式，戴着她标志性的大胆耳环，我从未见过同样的耳环（这是对"额外的装点会带来额外的活力"理念的另一种践行）。这家公司源于她自己的品位和热情，品牌的身份与她自己的身份交织在一起。

当然，实现这种平衡并不总是那么容易，因为有些创始人需要在聚光灯下找到自己的舒适区。正如阿比盖尔所说："我需要克服社交媒体焦虑症，但 Otherland 就是我，我就是它。要把我们分开是不可能的。"她正确地认识到了她个人对 Otherland 的贡献价值。她解释说："我们的理念是与人建立联系，而人与人的联系比品牌与人的联系更紧密。我们打造了 Otherland，有故事、系列产品、背后的灵感（我的回忆），但我也想展示幕后的故事、制作过程、激励我的东西，以及作为一名女性创始人的起起落落。"所以她也分享了自己创业过程的挣扎。她是这样描述品牌 Otherland 和创始人阿比盖尔之间的区别所在的："Otherland 向你展示了它的生活方式和产品。它的重点是讲故事——经过开发、润色和编辑后传达清晰的信息。而在我的个人照片墙上，我只需要发布动态，展示我在幕后作为创始人的真实经历。它是朴实无华的，并不总是精彩的故事。"但是，当然，这也是最好的故事，因为它是真实的，有关联的，而且是有人情味的。如果没有阿比盖尔，Otherland 表面上会很美丽，内心却缺乏灵魂。

就像劳伦·陈一样，许多成功的创始人在现有品牌无法满足自己的需求时，就产生了自己的商业想法。他们没有继续容忍被忽视和边缘化的现状，而是建立了他们希望在世界上看到的公司。特里斯坦·沃克（Tristan Walker）也是一位令人惊叹的创始人，他受个人经历启发创立了一个成功的品牌。作为一名黑人，他对大多数主流药店品牌忽视非白人群体的需求感到沮丧。2013年，他创立了沃克公司（Walker & Company），目标是打造"面向非白人群体的宝洁公司"。他发布的第一个品牌是Bevel，这是一个专为黑人男性设计的剃须产品系列，对于粗糙和卷曲的胡须，单刀片剃须刀比多刀片剃须刀使用效果更好，能够防止刺激皮肤和胡须出现内生等常见问题。

在全美的大多数药店里，为黑人顾客提供特殊需求的产品都放在"黑色货架"上，它一般放在商店后面的小部分过道上，而且货架上面大部分都是过时的品牌，对现代消费者没有吸引力。Bevel是沃克创建的一个解决特定问题的品牌，受到人们的大力追捧。沃克建立了一个多元化的团队来发展公司，公司在2015年进入塔吉特百货之前，最初的经营模式是直接面向消费者。之后该品牌还将全国各地的理发店纳入推荐计划，并与理发店合作举办活动，让当地社区共同讲述品牌故事。最终它在布鲁克林的巴克莱中心（Barclays Center）等地开设了自己的体验店，并制作了一系列视频，以不同的标志性发型为特色彰显理发店在黑人文化中的重要性。

沃克公司的下一款产品是Form，这是一款针对黑人女性的护发产品系列，同样致力于满足那些被大型消费品公司忽视的特定需求。2018年，宝洁公司收购了他的公司，收购金额不详，估计在2000万至4000万美元之间,沃克仍担任首席执行官。确实也很难想象如果没有沃克作为企业的驱动力和门面,Bevel和Form还能取得同样的成功。他与自己正在解决的问题之间的个人联系给他的品牌带来了一种无法替代的真实性和关联性。

创始人作为一个品牌

对某些受人喜爱的品牌,比如Bevel,如果没有创始人就不可能达到同样的高度。美妆品牌Glossier的成功与其创始人艾米丽·韦斯(Emily Weiss)密不可分。大学期间,韦斯曾在MTV[①]实习,并且参加过几次真人秀节目《山》(the Hills)的录制。她对时尚的兴趣与日俱增,这让她选择在《青少年时尚》(Teen Vogue)杂志实习,毕业后又在女性时尚杂志W和综合生活类杂志《时尚》(Vogue)工作。2010年,她发现时尚市场的美妆报道存在空白,于是创办了博客Into the Gloss,并采访了模特、美容和化妆界的巨头、名人和其他有影响力的人,了解她们的日常美容习惯和最喜欢的产品。Into the Gloss大受欢迎,有了粉丝超过200万(还在不断增加)的社群,社群中的评论和对话远比主流的女性杂志还要多。虽然韦斯在时尚摄影工作中接触了很多美容技巧,但她觉得自己与传统化妆品公司没有什么关系,因为传统化妆品公司只是表面上与她们的消费者沟通,却并没有反映真实的女性以及她们

---

① MTV,也称音乐电视网或全球音乐电视台,是全球最大音乐电视网。——译者注

的生活。通过 Into the Gloss 社区中的对话，她了解到许多女性也有同样的感受。

对韦斯来说，推出自己的产品系列是一个自然的过程。首先，她与 Into the Gloss 的读者进行了一场"双向对话"，这与她眼中远离消费者的传统美容行业形成了鲜明对比。然后，根据社群的反馈，韦斯知道了她们正在寻找的产品类型以及当前市场中缺少的东西，于是在 2014 年推出了 Glossier，其中包括四款产品。为了响应 Glossier "皮肤第一，化妆第二"的理念，其首批产品包括 Milky Jelly 洁面乳、Balm Dotcom 润唇膏、保湿霜和喷雾。为了制作 Milky Jelly 洁面乳，韦斯在 Into the Gloss 读者中进行了民意调查：你梦想中的洁面乳是什么样子的？闻起来是什么味道？肤感怎么样？想要什么功效？什么是不适合你的？你会用哪个电影人物来形容这种洁面乳？她收到了 380 多份回复，在这个过程中，她了解到女性对不得不同时使用卸妆水和洗面奶感到无奈，所以她研制了一种兼顾两者功效的洁面乳。

Glossier 被誉为"素颜"妆容的倡导者，当然，韦斯是一位纯天然美人这一点对于品牌定位并没有什么不好的影响。Glossier 强调"光泽水润的肌肤"的美，强调通过产品"展现你最好的一面"。更重要的是，该品牌认为"化妆应该是为了有趣，而不是修复"。在许多方面，该品牌可以说是非美容行业的美妆品牌——独立推出，直接面向消费者，以大胆、极简主义的形象与同类产品中沉重的金色、青铜色和深紫色形成鲜明对比。Glossier 的品牌色彩明亮鲜艳，主要由黑色、白色和粉色组成，这不仅使它成为百货商店柜台上平庸的化妆品品牌的现代替代品，而且在照片墙上展示出来也很漂亮。当你滚动浏览人们的"自拍照"时也不会错过这个浓重的黑色 Glossier 标识。产品清新、简约的外观也呼应了其标识的设计，两者在照片推送中看起来都很棒。

与业内其他公司相比，Glossier 似乎也不那么严肃，而是保持着拥抱乐趣和积极向上的态度。它的产品采用粉色气泡包装，并配有一套有趣的贴纸供用户定制。该品牌的宗旨是"让美大众化"，赞美个人。当该公司推出第一个身体产品系列 Body Hero 时，其宣传活动是以各种身材和体型的女性为特色，其中包括大码模特帕洛玛·埃尔瑟（Paloma Elsesser）和奥运会篮球奖牌得主斯温·卡什（Swin Cash）。到 2018 年，该公司的年收入已超过 1 亿美元，其最受欢迎的产品 Boy Brow 以平均 32 秒一个的速度售出。

Glossier 致力于韦斯的双向对话，特别是通过照片墙上不断涌入的私信和帖子，与客户保持密切联系。对于每一款新产品的发布，Glossier 都会从倾听消费者的意见、测试和获取反馈开始，以确保企业继续响应真正的需求。该品牌将其增长很大程度上归功于积极参与的目标受众，她们发布自己使用 Glossier 产品的自拍照，并通过照片墙、特定城市的 Slack① 频道和快闪活动与该品牌互动。

从 Into the Gloss 的早期开始，韦斯就为这个美妆品牌定下了基调——使其目标受众达到像她那样理想的肌肤状态。虽然许多品

---

① Slack 是聊天群组、大规模工具集成、文件整合、统一搜索的平台。截至 2014 年年底，Slack 已经整合了电子邮件、短信、Google Drives、Twitter、Trello、Asana、GitHub 等 65 种工具和服务，可以把各种碎片化的企业沟通和协作集中到一起。

牌都声称它们想要成为"最懂你的朋友",但Glossier确实做到了这一点。这是一个人们觉得自己可以真正接触到的品牌,包括韦斯本人。与大多数美容公司给人的刻板印象不同,Glossier更像是一个社群,由真人推动产品开发,真人也出现在其照片墙推送中。该公司将自己描述为一个"以人为本的美容生态系统",而韦斯则称她的顾客是Glossier的"共同创造者"。她是一个榜样,同时她也经常会在评论区和自己的顾客进行交流。

一般来说,公司只会通过品牌与人们交流。就像你不会从雅诗兰黛(Estée Lauder)实际工作人员那里听到消息,你只会看到它的一款产品的广告。你不知道谁负责产品开发,谁负责广告,谁负责公司的整体业务增长。品牌就这么存在着,没有"父母",诞生于匿名的公司里,然后出现在你面前的一本杂志上。也许有那么一位高管会在新闻或丑闻中发表声明,但这种沟通与消费品牌的世界完全不同。现在,创始人也是故事的一部分。当然,Glossier这个品牌有独立于韦斯的声音,韦斯也有独立于Glossier的她自己的身份。Glossier与顾客的每次交流,都不是韦斯在真正地说话。但我们仍然经常可以直接听到她的声音。当Glossier公司需要发言的时候,无论是在官方报道还是在社交媒体上,都不会是公司某个发言人或不知名的客服代表,而会是韦斯站在那里,分享她的观点。

不管这些创始人背后有多少精心策划的信息传递策略,你都可以随意、开放地接触到他们。他们活跃在专题讨论和播客上,宣传愿景,而不是推销产品。他们有自己的照片墙账户,在那里他们会对商业里程碑感到兴奋不已，人们会像朋友一样支持他们，感觉就像看到他们的朋友刚刚在工作中取得了巨大成功一样兴奋。这并不是每个企业家都能做到的，他们需要在模糊创始人身份和品牌身份之间的界限中找到一个合适的度。但如果处理得当，当人们是品牌创始人的推崇者时，就会加强与品牌的联系。

名人作为创始人

韦斯作为 Glossier 的创始人已经成为名人，但现在有另一种趋势——名人成为创始人。当然，品牌历来通过代言协议和广告活动与名人结盟，聘请名人作为"品牌的代言人"。现在的情况是，明星们要么在投资新公司，要么自己创业，承担着创始人和商业领袖的角色，而不是代言人。无论是杰西卡·阿尔芭（Jessica Alba）创办的 Honest Company、瑞茜·威瑟斯彭（Reese Witherspoon）创办的美国南方生活方式品牌 Draper James、科勒·卡戴珊（Khloé Kardashian）创办的 Good American，还是克里斯汀·贝尔（Kristen Bell）和达克斯·谢泼德（Dax Shepard）创办的婴儿产品品牌 Hello Bello，名人都在其品牌创办和发展中发挥着积极作用。他们将品牌故事与他们个人生活中的故事联系起来。例如，贝尔和谢泼德在 Hello Bello 的信息中强调了他们作为父母的角色，而不是演员的角色。就连乔治·克鲁尼（George Clooney）在谈到龙舌兰酒 Casamigos 的起源时，也描绘了这样一幅真实画面：一群朋友随意地在墨西哥闲逛时幻想能有完美的龙舌兰酒，便决定为自己的饮酒乐趣创造龙舌兰酒品牌[最终以10亿美元的价格卖给了帝亚吉欧（Diageo）①，没什么大不了的]。谁不会坐在那里喝酒，和朋友们一起集思广益，讨论商业想法呢？我们都可以成为乔治！

当米歇尔·法伊弗（Michelle Pfeiffer）向我们寻求帮助推出她的新香水品牌时，我们立即被她的使命吸引。当米歇尔第一次成为母亲时，她开始更加关注她使用的所有产品上的成分标签，从食物到美容均是如此。许多妈妈都经历过这个转变。事实上，从我们为清洁美容品牌方面所做的工作中，我们了解到，成为父母后人们更趋向于寻找更安全的产品。米歇尔开始更换她所有的产品，但是香水，她找不到更好的替代品。当她深入研究时，她发现香水品牌甚至不需要公开它们的成分，因为它们可以隐藏在"商业秘密"的外衣下。事实上，"香水"这个词是一个包罗万象的词，几乎可以涵盖任何东西。

米歇尔完全停止使用香水，然后开始了长达一年的旅程，看看是否有可能只使用环境工作组②认为安全的成分来制造一种豪华香水。米歇尔来找我们的时候，她正在确定她最初的五款香水的配方。她的标准在业内前所未有的严格，对她和香水公司来说，开发这种香水是一个巨大但令人兴奋的挑战。每一种气味都来自

---

① 帝亚吉欧（Diageo）是分别在纽约和伦敦交易所上市的世界五百强公司，是全球最大的洋酒公司，旗下拥有蒸馏酒、葡萄酒和啤酒等一系列顶级酒类品牌。——译者注
② 美国环境工作组（Environmental Working Group，EWG）是设在华盛顿的一个非营利、非党派的民间环保组织，成立于1992年。该组织致力于保护人类免受有毒有害物质侵害、重视环境保护，敢于披露危害环境和人类健康的行为。——译者注

她对人、地方和经历的记忆。我们是来帮助米歇尔和她的联合创始人梅丽娜·波莉（Melina Polly）创建一个既注重奢华和质量，又注重安全与可持续发展的品牌的。这个品牌就是 Henry Rose。

Henry Rose 是第一个成分 100% 透明的优质香水品牌。它同时通过了 EWG 认证和"摇篮到摇篮"（Cradle to Cradle，美国产品创新非营利组织）认证，这使得 Henry Rose 对瓶子和包装的材料和可回收性有非常严格的要求。这个品牌是一个矛盾体。负责任和性感通常是不能并驾齐驱的，但我们欣然接受了透明和神秘、安全和性感之间的紧张关系。米歇尔想要彻底改变香水品类的面貌，她推动我们引入与性别、美貌和奢华相关的形象。

虽然大多数香水品牌经常会使用与实际成分不符的误导性术语（如"麝香"或"香草"）描述某种东西的气味，但我们是利用气味记忆创造了能够唤起一种感觉的描述和图像。由此产生的品牌形象既亲切又有电影感，是一个利用怀旧情绪的现代品牌。更重要的是，Henry Rose 与名人香水品牌不一样。从伊丽莎白·泰勒（Elizabeth Taylor）到布兰妮·斯皮尔斯（Britney Spears），名人将自己的名字授权给一款香水以产生即时的品牌吸引力的做法由来已久。但在 Henry Rose 的案例中，米歇尔是创始人，她积极与梅丽娜一起经营业务。Henry Rose 不涉及授权协议，品牌的吸引力是米歇尔的热情和多年的辛勤工作的结果。但在网站的主页上，米歇尔的名字会出现在最底部，我们没有在前面使用她的形象。

这与我们处理阿比盖尔和 Otherland 的方式相反，因为我们不想让米歇尔的名气分散人们对 Henry Rose 故事的注意力。米歇尔在"关于"页面上写了一封信,解释了她创建该品牌的原因。她在故事中的角色是她与她着手解决的问题的个人联系。她不是为了借着她那张有名的脸去卖更多的香水。你可以在脸书上看到Henry Rose 的广告,却不知道它与米歇尔·法伊弗的联系,连瓶子上也没有她的名字。作为一名电影明星,米歇尔当然是受欢迎和令人钦佩的,但作为一名母亲和一位致力于改变一个行业的坚定创始人,她很有亲和力。

问:品牌一直依赖名人来销售产品。这与以往有什么不同呢?

消费者希望与他们所支持的品牌的创始人建立一种真正的联系,而这种联系不是名人通过授权协议盲目地把自己的名字借给任何旧产品就能建立起来的。名人的参与当然会给新企业带来令人难以置信的优势:即时的媒体平台,固定的粉丝受众。但人们对于仅仅在广告中看到某人的脸已经不那么在意了。有了如此多获取信息的渠道,消费者比以往任何时候都更精明,对任何感觉像是营销噱头的传播都更具抵抗力。在与企业缺乏可靠关系的情况下,名人代言的影响力就会降低。代言是一个毫无意义的附加部分,而不是品牌故事的固有部分。虽然许多品牌已经成功地利用了网红,但消费者越来越聪明地嗅探和拒绝那些会为任何事情发布话题形式的广告的网红。在网红和品牌之间需要有一种看似合理的关系,这就是为什么这个特定的人在这个特定的类别中要具有可信度。否则,它只是一个无谓的宣传,人们并不买账。

团队很重要

如果品牌需要从创业第一天起就开始酝酿，那么没有什么比品牌背后的团队更重要了，而这一切都要从创始人开始。当一家新企业创建时，创始人会在内部和外部定下基调。初创公司的创始人在组建团队时，会将所有有想法的人视为他们联合创业的合适人选。但是，如果更多的潜在创业者问自己，他们是否真的是这份工作的最佳人选，情况会怎样呢？绝大多数获得融资的初创公司都是由白人男性运营的，而消费者市场并不是这样的。这并不意味着每个创始团队都需要准确地反映他们的目标受众。人们运用他们的热情和专业知识来创建服务大众（特别是服务于那些与他们不同的受众）的企业，这是一件很棒的事情。我当然不希望所有的白人男性创始人只为长得像他们的人制造产品！

但假设你是一名男性又对创建一家主要为女性生产产品的公司有想法，那么让一位女性担任联合创始人可能对于你这个疯狂的想法来说是有意义的，说明你是在行动，而不是空谈。我们与一个全是男性的创始团队合作，他们正在考虑将女权主义偶像作为品牌标识的一部分，我们建议他们不要这么做。他们的初衷是好的，但一个完全由男性运营的品牌借用女权主义的形象，从感觉上就是错误的。与目标受众联系较少的创业者也更容易质疑自己的直觉和决策。我们会听到这样的担忧，如"我们认为这个想法不会吸引纽约和旧金山以外的人"（总是住在纽约或旧金山的人这样说），或者是一个提议的设计"感觉不够'女性化'"（总是男性这样说）。再次强调，团队能够考虑到他们最终需要接触的人是很好的，但当这种担忧以未经证实和毫无根据的假设的形式出现时，就会变成品牌发展的威胁。

人们比以往任何时候都更加关注他们购买的产品背后是谁。他们想要支持的不是公司，而是他们所信任的团队，这就是为什么新公司成立的时候，创始团队是品牌故事中重要的一部分。在组建团队之前，值得考虑的是，谁能在媒体面前，更重要的是在消费者面前成为可信的企业代言人。谁会站出来谈论品牌，谁会回应人们在照片墙上的评论，谁会让人们被倾听、被理解。这个人需要对正在为目标受众解决的问题有深刻的理解，这不仅仅关乎公众的认知，也是为了确保你从第一天起就建立了一个基于洞察力和同理心的品牌。

创始人还需要推动内部文化，这将直接影响到品牌的外部成功。如果员工对品牌没有深刻的理解，如果他们没有每天都生活在这个品牌中，那么维持品牌的商业规模就会变得非常困难。创始团队需要将员工视为最重要的客户，努力确保品牌在公司内部得到认可。这可以通过一些正式的规定来实现，比如制定一个明确的使命和一套价值观，也可以通过一些小细节将品牌融入公司文化中。沃比·帕克给每名新员工一个笔记本和品牌的官方风格指南，还有一袋马丁椒盐饼干 [这是创始人之一尼尔·布鲁门塔尔（Neil Blumenthal）的母亲在创业初期为团队带来的零食]。这个小小的举动将新员工与品牌成立初期的故事联系起来，并邀请他们加入这个故事。

当 theSkimm 搬进更大的办公室时，创始人卡莉·扎金和丹妮尔·韦斯伯格授权他们的团队自己设计空间。他们与一家油漆公司合作定制了一种与该品牌蓝色完全匹配的颜色，并以《法律与秩序》（Law & Order）中的角色命名每个会议室，以纪念扎金和韦斯伯格早期在沙发上以《法律与秩序》为背景撰写时事通讯的经历。创始人也在寻找切实有效的方式在内部展示他们的品牌价值，比如 Boxed 的首席执行官黄杰（Chieh Huang），他为员工支付婚礼费用和孩子的大学学费。这些公司明白，品牌不只是一个外部层面，它必须嵌入每个层面，融入企业自身的 DNA 中。它从创始人团队开始，然后逐步传承给后来的每一个员工。这就是如何建立一个从第一天起直到未来人们都喜爱的品牌的方法。

> **记住：**如果品牌需要从内部开始，那就要从创始团队开始。即使你的形象不能完全反映你的目标受众，你也需要体现你想要创造的品牌的价值观和精神。

结语

问：所以就这样了？那我能基于这些原则建立一个品牌，然后坐上通往成功的列车吗？

我常遇到一种错误的理解，就是认为"品牌"是你创造的，然后你继续前进。品牌是有生命、有呼吸的东西。品牌是不断在内部团队中建立的文化，品牌是所有的表现和行为方式，品牌是如何随着周围世界的变化而发展的故事和产品。即使你已经做了努力，弄清楚你所代表的是什么，以及为什么它很重要，但将这些想法转化为面向消费者的表达方式，并保持这种表达方式的新鲜感，还需要大量的艺术和技巧。我反复强调，品牌不仅仅是标识，品牌的外在表达也是至关重要的，因为它们形成的印象能够帮助人们理解品牌的一切，并最终驱动人们为它执迷。换句话说，细节很重要。周到的设计和清晰、引人注目的信息是吸引消费者注意和互动的原因，也是让他们长期保持参与的原因。

我在这本书里没有花很多时间讨论设计，但这并不意味着设计不重要，而是因为这本书讲的是一些关于如何有效地推动设计的原则。设计最显著和不言而喻的力量不在于它看起来很酷、时尚或性感,而在于它传达了一个想法,而且想法本身往往比大力宣传这个想法更有效。想想信任——当有人说"相信我"时,你反倒不太相信了。但一个始终如一地在优秀的设计和执行上投入资金的品牌,就会给人一种值得信赖的印象,这在向市场推出新产品时尤为重要。如果你要求人们为一个他们从未听说过的生意刷信用卡,你肯定不希望他们怀疑这是不是"真正的生意"。无论你的商业理念多么激动人心,只有当你推出新产品时,通过品牌建立联系才显得更加重要。尽管人们声称他们想要刺激和新鲜感,但是他们很难改变根深蒂固的行为。除了一小部分人是真正的早期新产品使用者之外,大多数人都喜欢按照他们一贯的方式做事。因此,大多数初创公司开始改变一个品类,甚至创建一个新的品类时所面临的挑战是显而易见的。即使网上购物更方便,但要让人们在网上购买他们一直在商店里接触和体验的产品并不容易。让人们从不同的角度看待自己的健康,或者停止购买伴随他们成长的品牌,并不容易。为了创造一个可持久的转变,并最终成为新品类的领导者,需要一个能够在战略、美学和情感等层面上与人们建立起联系的品牌。

然而,一旦成功建立了这种联系,就不能再原地踏步了。一旦新的更好的方式成为标准,该如何再次出乎意料、给人惊喜?如果不继续维护品牌和消费者的关系,作为守旧派的你很快就会变成别人要颠覆的对象。

消费者爱上品牌是因为这些品牌在他们的生活中扮演着持续

的、积极的角色，这就是从一开始就做好品牌并且持续为品牌注入活力的原因所在。你需要一个清晰的目标来指导所有决定和行为，必须找到新的、令人惊讶的方式来实现目标。你需要在每一步都创造有价值、难忘、愉快的体验。最终，当你建立一个百分之百地服务于受众的品牌时，消费者也会执迷于你的品牌。今天取得成功的品牌是那些每天醒来都重新认识和尊重消费者和企业之间权力动态变化的品牌。今天的消费者比以往任何时候都有更多的选择，从前的门槛也消失了，消费者们正在掌控一切。有些人喜欢把这些深受喜爱的新锐品牌称为"千禧一代的品牌"，但千禧一代只不过是在消费者能够向他们所选择的企业提出更多要求的时代成长起来的一代人。

  这些初创公司的价值观并非是千禧那一代人所独有的，而几乎是每个人都认同的价值观。透明、真实、企业责任、更好的客户服务，更不用说简单、轻松，还有永远不要低估的一点——有趣！这些品牌的吸引力超越了年龄和地域。它们利用了消费者的思维定式，这些消费者认为每一次选择都是在表明自己的态度或立场，他们会不遗余力地支持他们所相信的品牌。而且，执迷于自己喜爱品牌的不应只是消费者，创业者也需要执迷其中。他们需要执迷于寻找新的方式来传递价值和快乐，他们需要从第一天起就一心一意地专注于建立一个与目标用户息息相关的品牌。他们必须意识到，品牌建设这项工作永远不会结束。对于那些说自己还没钱考虑品牌的人，我的问题是，你等得起吗？

附录

本书提及的品牌及企业一览表

英文名	中文译名	备注
Casper	无	新锐睡眠品牌
Allbirds	欧布斯	时尚休闲品牌
Warby Parker	沃比·帕克	DTC 眼镜品牌
Red Antler	红鹿角	初创企业品牌设计服务商
Instagram	照片墙	Facebook 旗下的一款社交应用
Sweetgreen	无	连锁沙拉品牌
Glossier	无	网红美妆品牌
Airbnb	爱彼迎	短租平台
Everlane	无	环保时尚服装品牌
Goby	无	电动牙刷品牌
Colugo	无	婴儿车制造商
Uber	优步	网约车应用
Lyft	来福车	网约车应用
Tinder	无	约会交友应用
Keeps	无	一家为男性提供脱发解决方案的公司
Thirty Madison	无	一家为慢性病患者提供医疗服务的公司
Craigslist	无	一个大型免费分类广告网站
HomeAway	无	假日房屋租赁在线服务网站
Vrbo	无	假日房屋租赁在线服务网站
Venmo	无	一款旨在方便小额转账的 App
PayPal	贝宝	全球最大的在线支付平台之一
Doritos	多力多滋	百事公司旗下零食品牌

续表

英文名	中文译名	备注
Gillette	吉列	剃须刀品牌
Snowe	无	家居用品
Alexa	无	一家专门发布网站世界排名的网站
Boxed	无	一家以批发价格销售日常用品的移动社交时代零售商
Costco	开市客	连锁会员制仓储量贩店
Twitter	推特	社交媒体应用
Pinterest	无	一个以视觉元素（图片、视频）为主的分享型社交媒体，堪称图片版的推特
Apple	苹果公司	一家美国高科技公司
Amazon	亚马逊	美国最大的一家网络电子商务公司
Toms Shoes	汤姆布鞋	美国的休闲鞋品牌，深受欧美明星的喜爱
overstock.com	无	家居在线零售商
Mailchimp	无	世界上领先的电子邮件营销平台
Bowery	无	美国室内农业公司，使命是解决世界粮食危机
Pampers	帮宝适	行销全球的婴儿纸尿裤领导品牌
BMW	宝马汽车	德国豪华汽车制造商
Gucci	古驰	源自意大利的全球奢侈品品牌
The Row	无	2006年创立的美国高端时尚品牌
Tumblr	汤博乐	全球最大的轻博客网站，也是轻博客网站的始祖
American Apparel	AA 美国服饰	美国版优衣库，休闲服装制造商
Cuyana	无	新锐职业女性时尚生活品牌

续表

英文名	中文译名	备注
BeautyCounter	无	美国健康美妆新锐品牌
Tata Harper	无	有机护肤品牌
Follain	无	天然美容护肤品牌连锁店
Credo	无	美妆护肤集合店
Ursa Major	无	清洁护肤领域的领军企业
Then I Met You	我遇见你	韩式护肤品牌
Hinge	无	约会交友应用
Match	无	全球最大的婚恋交友网站
OkCupid	无	免费约会社交网站
Facebook	脸书	社交媒体应用
Wieden+Kennedy	无	广告公司
Aviator Nation	无	美国休闲服饰品牌
LaCroix	无	一款流行的风味气泡水品牌
CrossFit	无	美国一家健身公司
Chopt	无	一家沙拉连锁店
Bombas	无	美国DTC袜子品牌
Spotify	声破天	音乐流媒体平台
theSkimm	无	轻松有趣的新闻订阅平台
Yelp	无	美国著名商户点评网站，类似大众点评
Patagonia	巴塔哥尼亚	著名的户外运动品牌
Wirecutter	无	专注于IT产品以及家居家电的测评网站
TiVo	无	2000年年初出现的数字录像机，可点播电视节目

续表

英文名	中文译名	备注
Away	无	网红箱包品牌
Tumi	途明	商旅箱包品牌
Chez Away	无	一家拥有美甲师和文身艺术家的快闪酒店
Bloomingdale's	布鲁明戴尔	美国著名连锁百货商店
Bed Bath & Beyond	无	美国大型连锁家居用品零售店
Ikea	宜家	世界著名家居连锁卖场
Drybar	无	创新美发造型连锁沙龙
Nordstrom	诺德斯特龙	高档连锁百货商场
Sephora	丝芙兰	美妆连锁品牌
Miss Jessie's	无	新锐护发品牌
Target	塔吉特	美国大型连锁百货
Prose	无	定制化护发新锐品牌
L'Oréal	欧莱雅	法国化妆品公司,创办于1907年,是美妆品行业中的领导者
Care/of	无	为每个消费者提供定制维生素和蛋白粉等健康产品
Vitamin Shoppe	维他命商店	美国一家营养保健品零售商
GNC	健安喜	为全球著名营养食品公司,在全球拥有5000多家连锁店,2020年申请破产
ThirdLove	无	美国互联网内衣品牌
Leesa	无	床垫电商品牌
Tuft & Needle	无	床垫电商品牌
Netflix	奈飞	是一家会员订阅制的流媒体播放平台

续表

英文名	中文译名	备注
Sleepy's	无	美国最大的床品连锁卖场
Tempur-Pedic	泰普尔	美国床品巨头品牌
Hästens	海丝腾	手工床垫品牌
Serta	舒达	全球性专业的健康睡眠品牌
Method	美方洁	环保型清洁产品品牌
JetBlue	捷蓝航空	美国一家廉价航空公司
Dreamery	无	Casper 开设的一家睡眠体验概念店
SoulCycle	无	动感单车连锁品牌
Equinox	无	美国奢侈健身俱乐部品牌
Outdoor Voices	户外之声	运动服装品牌
J.Crew	无	美国的休闲服装品牌
Lululemon	露露乐蒙	运动休闲服饰品牌
Hims	无	男士保健品牌
Thinx	无	女性卫生用品公司
Tampax	丹碧丝	世界上第一个内用卫生棉条品牌，1997 年被宝洁收购
Playtex	倍儿乐	美国婴儿用品品牌
Kotex	高洁丝	金佰利（Kimberly-Clark）集团旗下的女性卫生护理品牌
Outfront Media	无	户外广告出租商
BBDO	天联广告公司	世界排名第一的广告公司，隶属于全球最大的传播集团——奥姆尼康集团（Omnicom，又译为宏盟集团）

附录　211

续表

英文名	中文译名	备注
Kimberly-Clark	金佰利	全球健康卫生护理领域的引领者，公司成立于 1872 年
Mastercard	万事达卡	全球创新支付科技公司
Henning	无	新锐大码时尚服装品牌
Forever 21	无	美国标志性快时尚服装品牌
Lane Bryant	莱恩·布莱恩特	美国知名大码服装品牌
Otherland	无	新锐蜡烛品牌
Ralph Lauren	拉尔夫·劳伦	美国时尚时装品牌
Walker & Company	沃克公司	面向非白人群体，旗下品牌是 Bevel 和 Form，2018 年被宝洁公司收购
MTV	音乐电视网或全球音乐电视台	全球最大音乐电视网
Estée Lauder	雅诗兰黛	全球最大的护肤、化妆品和香水公司之一，与其创始人同名
Honest Company	无	美国消费品公司
Draper James	无	美国南方生活方式品牌
Good American	无	美国时尚服饰品牌
Hello Bello	无	婴儿产品品牌
Casamigos	无	一款龙舌兰酒品牌
Diageo	帝亚吉欧	世界五百强公司，是全球最大的洋酒公司
Henry Rose	无	第一个成分 100% 透明的优质香水品牌

新营销系列丛书
——重磅上市——

新消费浪潮冲击着每一个行业，市场、与消费者接触的媒介悄然巨变，新锐品牌层出不穷，企业也需要重构认知，用创新性的数字营销思维、理论和手段重塑品牌与品类。

美国最成功的风险投资与品牌全案营销先驱"红鹿角"联合创始人、品牌官艾米丽·海沃德的职业回忆录。

全世界新锐品牌从业者的圣经！

ISBN：978-7-5043-8951-0
定价：69.00 元

解密企业实现量化营销动态转型的 5 步法；

充分利用数字时代的大量可用数据，实施数据驱动营销转型的量化策略，助力企业在数据分析时代中竞争和取胜！

ISBN：978-7-5043-8819-3
定价：79.00 元

传统营销模式下，只有不到 1% 的潜在客户成交！数字化时代的营销就应该关注业务持续高增长，是时候把你的营销转向 ABM 了！

ISBN：978-7-5454-8141-9
定价：59.00 元

变色龙：破解新世代消费者行为密码

消费者行为学研究全球顶级大师迈克尔·R. 所罗门的深刻洞见，带你打破藩篱，揭示如何与新世代消费者互动和共鸣，如何在市场竞争中脱颖而出，建立下一代领先品牌。

即将上市

即将上市

30 天，如何吸粉百万

无论你是想推广业务、传播信息还是推广品牌，世界顶尖"增长黑客"都能帮你轻松搞定！

只需 30 天，坐享社交平台 100 万关注量实战指南！

新营销手册：业务增长的全新工具与技巧

营销人必读之书！这是一套动态的、以行动为导向的营销工具、技术和原则大全，让读者始终处于营销活动的领先地位。本书将最新的营销工具和技巧简化为易于使用的模板，方便读者轻松地应用到各自的营销活动中。

即将上市

扫码购书